쓰담 쓰담, 현천을 쓰고 아이들을 담다

WellBook
Well Life, Well Book

글을 엮으며

여섯 번째 현천 책을 구상하며 올해는 선생님들의 이야기를 써 보자며 아홉 명의 교사가 2월 끝자락 늦은 저녁 시간에 모였습니다.

아이들과 부대끼며 생활하는 현천살이 구석구석의 이야기, 그 속에 담긴 선생님들의 헤아릴 수 없이 많은 생각과 느낌을 담아 보자고 했습니다. 각자 아이들과 만나며 그때그때 글로 남겨 두기로 했고 한 달에 한 번쯤 만나 쓴 글을 함께 읽고 이야기도 나누기로 했습니다.

쓰고 이야기하고, 그러다 보면 서로에게 위로가 되는 모임이 되지 않겠나 해서 글쓰기 모임을 '쓰談쓰談(쓰담쓰담)'이라고 이름 붙였습니다.

코로나19로 아이들과의 만남은 기약이 없고, 그나마 늦게 시작한 등교로 오랜만에 만난 아이들은 하루가 멀다 하고 크고 작은 일거리를 만들어 냈습니다. 우리 아이들과 만나는 순간 선생님들은 兒我一體가 되어 눈코 뜰 새가 없게 되니 글감은 넘쳐나겠으나 글은

잘들 쓰고 있는지 돌아보는 시간도 필요했습니다.
'코로나 상황으로 현천의 교육 활동과 아이들의 모습을 오롯이 담아내기 어려우니 책 쓰는 일을 다음으로 미루자'는 제안과, '평소와 다른 상황을 담아내는 것도 현천의 이야기'라는 의견이 있었습니다. 오랜 논의 끝에 글쓰기를 이어가기로 했고, 속도를 내기 위해 정기적으로 글을 써서 밴드에 올리자는 제안에 모두 찬성하며 글쓰기 작업에 힘을 보탰습니다. 이후 선생님들의 색깔을 지닌 각양각색의 글들이 밴드에 올라오기 시작했고, 이에 응원과 지지의 댓글을 달기도 했습니다.

그렇게 쓴 글들을 모아 현천 여섯 번째 책을 냅니다.
선생님들의 글을 한데 묶으며 처음부터 차근차근 원고를 다시 읽었습니다. 책이 재밌었으면 좋겠는데 웃음보다 자꾸 콧등이 시큰해집니다. 내 옆에서 같은 아이들을 만나며 같은 교육 활동을 하는 든

듣하고 멋진 동료인 줄만 알았는데, 글 속에서는 나와 다른 눈으로 아이들을 바라보고 만나고 다독거리고 눈물 흘리는 우리 아이들의 '선생님'이 보입니다.
코로나19로 현천의 교육 활동을 오롯이 담지 못한 아쉬움이 크지만, 예측 불가능한 상황 속에서도 각자의 방식과 소신으로 아이들을 만나고 품어 주는 '현천의 선생님' 또한 보입니다.

선생님들의 글 속에서 '진짜 현천'을 봅니다.

2021년 1월 22일

임창숙

선생님들 모습을 멋지게 그려 준
현천5기 김미래, 박채연, 이경민에게 고마움을 전합니다.

현천리玄川里

지화도

물줄기가 여러 갈래로 마구 꺾여[玄] 흐르는 마을
궁종리 상대리와 어깨동무하고 있는 고랭지마을
할머니는 브러꼴리(브로콜리) 브러꼴리라 하시고,
할아버지는 도마도(토마토) 도마도 하시는 재밌는 마을
덕고산에선 늘 맑은 바람이 불어오고[德高淸風],
범바위에선 아직도 새끼 호랑이가 전설 울음을 남겨 놓고,
황재와 소사재는 서로 어깨높이를 자랑하는 높은 마을
때론 자욱한 안개로 신비로운 이불솜 덮고,
때때론 핑크뮬리 노을 채색으로 이국정취에 흠뻑 취하는 마을
감자 할아버지와 옥수수 할머니와
노오란 버스 타고 학교 다니는 손주들이
어제도 오늘도 내일도 얼기설기 얽어져 숨 쉬는 마을

글 담은 순서

가슴에서 지워지지 않을 아이들

박형운

이쪽저쪽 다른 사람들 눈치를 보며 다른 사람이 만든 기준으로 내 삶이 재단되었던 것은 아닌가 하는 생각이 들었다. 나이 반백이 지난 지금이라도 나를 다시 들여다보고 앞으로의 삶을 설계해 봐야겠다.

가슴에서
지워지지 않을 아이들

청명한 가을 하늘과 흰 뭉게구름, 푸른 잔디와 어우러진 빨강 파라솔, 그 아래 옹기종기 모여 앉아 이야기하는 학생들의 모습을 보면 한 장의 엽서 같다. 그 엽서에 각양각색의 아이들이 매일매일 다른 사연들을 써 내려가고 있는 이곳 현천의 삶은 그야말로 다이내믹하다. 함께 밥 먹고, 함께 자고, 함께 공부하고, 함께 몸과 마음을 부딪치며 생활하는 공간이다 보니 조용해도 불안스럽고 시끄러우면 더 불안한 하루하루가 긴장의 연속이다. 그러다가 격 없이 서로 눈빛을 마주하며 이야기를 나누게 될 즈음이면 어느새 현천 가족 공동체로 들어서 있음을 느끼게 된다.

물론 3년 동안의 공동체 생활을 무탈하게 마치는 녀석들도 있지만 그렇지 못하고 현천이라는 울타리를 벗어나는 녀석들도 있다. 현천에서의 삶이 꼭 정답은 아니지만 그래도 인연을 맺었던 학생이 중간에 현천의 품을 떠나면 여러 상념에 젖게 된다. 면접을 보기 위해 긴장하며 면접장으로 들어서던 처음 모습부터 함께 생활하며 남겨 놓은 여러 가지 흔적과 장면들이 떠올라 가슴에서 지워지지 않는다.

2020년 9월 어느 날, 1학년 한 녀석이 자퇴서를 제출하고 교문을 나섰다. 현천에서 다양한 교육 과정을 제대로 느껴 보지도 못하고 떠나는 것에 참 맘이 아프다. 코로나로 인해 격주로 등교하던 상황이었고 게다가 나는 1학년 수업이 없었기에 이야기도 제대로 해 보지 못한 녀석이었다. 그런데 그 녀석이 담임 선생님께 자퇴서를 쓰고 나갔다고 한다. 1년 전쯤 여러 학교를 찾아보다가 현천을 알게 되었다며 교무실 문을 빼꼼히 열고 엄마와 함께 들어온 것이 그 녀석과의 첫 만남이었다. 시선을 아래로 향하고 힘들었던 과거사를 조금 꺼내며 새로운 분위기에서 다시 학교생활을 시작해 보고 싶다던 녀석이었다. 그런데 갑작스레 헤어짐이라는 상황을 맞으니 제대로 인사를 해야 할 것 같아서 부랴부랴 전화를 했다.

낯선 번호라 전화를 받지 않는 걸까? 이미 학교를 떠났나? 생각하고 있는데 10여 분이 지나 전화가 걸려 왔다. 누구시냐고. 그 녀석에게 처음 전화를 했으니 내 번호가 저장되어 있을 리 없다. 나라고 밝히고 전화한 이유를 말하니 학교로 다시 오겠단다. 주차장에서 만나 아쉬움을 나누며 앞으로의 계획을 물어보니 검정고시를 보고 자격증을 따서 해외로 가는 큰 그림을 그리고 있단다. 현천 공동체 삶 속에서 마음의 근육을 탄탄하게 만들고 성장의 느낌을 맛보았으면 하는 아쉬움이 있지만, 어느 길이 정답인지 알지 못하기에 네가 선택한 삶을 응원하겠다는 말을 전하자 "열심히 잘살아 보겠다"고, "살고 싶은 대로 살아 보겠다"고 야무진 포부를 밝힌다.

저 녀석 나이 때 나는 내 삶의 방향성에 관해 진지하게 고민해 본 적이 있었던가? 불완전한 내 자신을 다른 사람들에게 날것으로 표현해 본 적이 있었던가? 나를 알고 나를 인정하고 내 기준을 만들어 보려는 생각을 해 보기는 했던가 하는 생각이 들었다. 물론 대답은

No였다. 이쪽저쪽 다른 사람들 눈치를 보며 다른 사람이 만든 기준으로 내 삶이 재단되었던 것은 아닌가 하는 생각이 들자, 나이 반백이 된 지금이라도 나를 다시 들여다보고 앞으로의 삶을 설계해 봐야겠다는 생각이 들었다.

녀석을 떠나보내고 의사소통 수업 준비를 위해 1년 전 사진을 살피던 중 어찌된 일인지 나와 자전거를 타며 하트 손짓을 발산하고 있는 한 학생의 사진이 눈에 들어왔다. 이 녀석도 1년 전 1학년을 마치지 못하고 학교를 그만두었다. 그 이후로 연락이 되지 않는다. 한참 사진을 보다가 그래도 혹시나 해서 전화를 해 보니 전화를 받지 않는다. 전화번호가 바뀌어서 받지 못하는 걸 거야, 생각하며 사진 속에서 환하게 웃는 녀석의 모습을 가슴에 담아 본다.

늦은 밤 관사로 향하는 길에 졸업한 학생에게서 전화가 왔다. 3년 전 내가 담임을 맡았을 때 가정 형편상 돈을 벌어야겠다며 1학년을 며칠 남기지 않고 학교를 떠난 뒤 행방이 묘연했던 친구의 연락처를 알아냈다는 것이었다. 이어 "그 친구는 지금도 쉽지 않은 곳에서 쉽지 않은 생활을 하고 있는 것 같아요"라며 선생님께서 힘이 날 수 있도록 편지 한 통 보내 주면 어떻겠냐고 조심스럽게 이야기한다. 건강하게 성장한 졸업생의 제안이 참 고맙고 대견하다.

3년 전 "어, 선생님 누나 이름과 네 누나 이름이 똑같네?" 하며 하이파이브를 나눴던 기억부터, 자신의 가정 형편을 이야기하면서 눈물 흘리던 녀석의 모습이 주마등처럼 떠오르며 반가움과 그리운 감정이 교차했다. 오늘 밤에는 그 녀석을 떠올리며 그리움과 응원의 마음을 담아 손 편지를 써야겠다.
현천에서의 삶이 그런 것 같다. 서로 간의 마음을 꺼내고 토닥이며 공동체로 살아가는 삶이기에 졸업을 했든 아니든 가슴속 한 켠에는 항상 애틋함이 있다. 그러면서 이런 나의 감정이 진심으로 아이들을 사랑해서 나온 것인지, 진정으로 아이들의 삶을 응원하며 우러난 감정인지, 아니면 그 녀석들의 속을 1퍼센트도 모르면서 다 아는 척하는 이기적인 동정심은 아니었는지 생각해 보기도 한다.

며칠 전 학교를 떠난 1학년 녀석에게서 문자가 왔다.

> '주차장에서 선생님께서 해 주신 말씀과 저에게 문자로 보내 주신 응원의 글, 잊지 않고 살아갈 게요! 감사합니다.'

오늘은 학교를 떠났어도 지워지지 않고 가슴속에 남아 있는 여러 제자들을 생각하며 보낸 특별한 하루였다.

멍하니 10월 탁상 달력 메모를 보다가!

날씨가 차가워지고 해가 일찍 숨는 늦가을, 그것도 월요일 아침 컴컴한 새벽 6시면 어김없이 기계음이 잠을 깨운다. 이불 속에서 일어나기 싫은 감정, 나만 그런 건 아니겠지 하면서 책임감이라는 단어가 정신은 이불 속에 놔둔 채 몸만 일으켜 세운다. 현천 학생들은 생활권이 강원도 골골이 분산되어 있기에 월요일은 아침 11시 30분까지 등교한다. 그래서 학생들이 등교하기 전에 약 2시간 동안 선생님들은 묵직한 협의 안건과 우리 아이들 상황을 공유하며 한 주를 시작한다.

현천에 와서 처음으로 맞닥뜨린 교사 회의 느낌을 잊을 수 없다. 일반 학교에 근무하면서 늘 바라던 협의회 분위기라 참으로 신선했다. 회의가 자유롭기에 화기애애하지만 때로는 묵직하기에 조심스레 말을 꺼내 놓기도 한다. 월요일 아침부터 에너지를 너무 쏟아서인지 뒷목을 잡고 꿈터 회의장을 나설 때도 많다. 10월 마지막 주 회의를 마치고 교무실에 앉아 까맣게 써 놓은 10월 달력을 멍하니 쳐다본다. 이 많은 활동을 어떻게 소화했을까 싶다.

달력 메모 1

안타깝지만 학교에 사안이 발생하였다.

현천은 일반 학교와 달리 공동체성을 강조하는 교육 과정들이 포진해 있는데, 올해는 코로나로 인해 전체 학생이 현천 속으로 스며드는 교육 활동을 거의 진행하지 못했다. 2학년 학생들은 1학년 학생들과 학교에서 직접 대면하지 못한 채 10월을 맞는 상황이었다. 보통 3,4월에 일어나는 갈등이 10월에 일어난 것이다. 사안이 발생하자 해결 방안을 논의하기 위해 긴급하게 선생님들께서 모였다. '회복적 생활 교육 시스템이 작동하고 있는가?'라는 질문에 다양한 의견들이 쏟아진다. 이론적으로는 문제 해결을 위한 기구가 있고 매뉴얼에 따라 움직여야 시스템이 제대로 작동하는 것처럼 보이지만 그것이 현실에서는 쉽지 않다. 다만 관계 회복을 위한 지향점을 잃지 않고 아이들에게 다가서는 모습을 우리 선생님들은 실천하고 있다. 주말도 반납하고 관련 학생들의 속마음을 듣기 위해 먼 거리를 운전해 간다. 그곳이 강릉이건 춘천이건 거리는 상관없다. 학생들이 속마음을 드러내는 순간이 꼬인 실타래를 푸는 시작임을 알기 때문이다.

늦은 저녁 십수 명의 선생님들 사이로 한 학생이 모습을 보인다. 다른 학교에서는 찾아볼 수 없는 풍경이다. 이른바 '정담회'• 다. 어떻게 살아왔는지, 어떤 지점이 불편한지, 남에게 불편함을 주었다면 어떤 것들이 있었는지 등 마음을 담은 이야기가 오고 간다. 나는 정담회를 진행할 때마다 내가 학생 때 이렇게 많은 선생님들과 속마음을 이야기하는 시간을 가졌다면 어땠을까 하는 생각을 자주 하곤 한다. 지금 정담회에 참여한 학생도 난생처음 벌어진 이 상황에 당혹스러운 마음도 들겠지만, 이렇게 마주 앉을 마음을 내고 이야기를 꺼내기 시작할 때까지 얼마나 많은 시간이 걸렸을까. 그동안 살아오면서 여러 어른들과 자신의 마음을 나눌 기회를 가져 보기는 했을까?

교장 선생님도 따로 한 명 한 명의 이야기를 들으며 실타래를 풀고 있다. 마침내 관련 학생들이 서로 만났다. 매듭이 꼬여 있으면 상대방의 잘못을 들춰 대며 팽팽한 긴장감이 돌겠지만, 그동안 관계 회복을 위한 마음을 읽었는지 서로 사과하는 분위기가 조성되었다고 한다. 이 사안은 아직 진행 중이지만 잘 해결되리라고 생각한다.

달력 메모 2

2학년이 주축인 학생 자치회 임원들이 코로나로 격주 등교가 이어지면서 자치회 활동의 어려움을 토로하며 간담회를 요청해 왔다. 야간에 선생님들과 마주한 학생들은 그동안 대면 등교 기간 결정에 2학년들 의사가 배제된 것 같아 섭섭했다는 이야기로 말문을 연다. 이어서 어떻게 하면 자치회 활동과 현천이 가지고 있는 다양한 교육 과정을 활성화시킬 수 있을지 고민하는 소통의 장이 펼쳐진다. 합리적 대안도 제시된다. 자치회가 담당하고 있는 행사나 교육 과정 소화를 위해 온라인 수업 기간이지만 최소한의 자치회 임원들은 학교에 등교해 활동을 진행하기로 결정한다. 이런 대화의 장을 마

● 본교에서 실시하고 있는 '정담회'란, 특정 아이와 교사들이 둘러앉아 아이의 이야기를 충분히 들어 주며 공감하고 지지하고 격려하는 활동이다. 정담회 시간은 친구 관계나 학업 등 학교에 잘 적응하지 못하고 힘들어하는 아이들을 대상으로 학교생활을 지지하고 도와주기 위해 학년부 선생님과 상담 선생님 그리고 그 아이에게 관심을 가진 여러 선생님들이 함께 자리를 만들어 오로지 그 아이의 이야기를 듣고 소통한다. 이 시간을 보낸 대부분의 아이들은 많은 선생님들이 자기 한 사람을 위해 시간과 마음을 기꺼이 내준 데 감동하고, 소통 속에서 자신을 지지하고 도와주려는 존재가 있다는 것에 든든함과 용기를 얻는다고 한다. 이런 정담회야말로 현천스러움을 고스란히 품은 현천의 모습이며, 선생님들이 아이들을 만나고 바라보는 관점이 잘 담겨 있는 존중의 활동이다.

련해 주어서 감사하다는 학생들의 인사와 자치회 활동을 열심히 하려는 마음이 참 예쁘다. 끝 무렵에 코로나 상황이 다소 안정되어 10월 19일부터는 전교생 등교가 가능할 수도 있겠다는 이야기에 학생들의 표정이 밝아진다.

달력 메모 3

일과 후지만 교실 불이 환하고 선생님들께서 교실로 모인다. 1학기 '꿈 너머 꿈'• 발표를 하지 못한 학생들의 발표가 시작되고 있다. 남들 앞에서 발표하는 것을 힘들어하거나 꿈 너머 꿈 시간에 제대로 활동을 하지 않은 녀석들이기에 활동 내용이 별것 없는 녀석들이 많다. 그렇지만 활동 내용 대신 그동안 애쓰며 살아온 이야기와 앞으로의 삶에 관한 고민, 계획을 발표하는 모습을 보면서 한편으로는 안쓰럽기도 하고 한편으로는 대견하기도 하다.

• '꿈 너머 꿈'을 간단하게 정의하면, '학생들이 저마다의 관심에 따라 관련 직업 현장에서 멘토의 도움을 받으며 수행하는 학습'이라고 할 수 있다. 구체적인 경험과 실습을 통해 실질적인 지식을 쌓으면서 자신의 능력을 찾고 꿈과 진로를 탐색하고 심화하는 꿈 너머 꿈은 사회의 다양한 자원을 발굴하여 학생의 개별 관심사와 연계하면서 수업을 진행한다. 학생들은 평소 관심을 가지고 있던 직업에 대한 탐구와 실질적인 배움의 기회를 얻는 한편, 관련 분야의 멘토를 만나 그 직업에 대한 궁금증을 해결하고 기술을 배우기도 하며 다양한 조언을 듣고 새로운 학습 계획을 세울 수도 있다. 이런 과정을 통해 학생들은 자신의 진로를 구체적으로 고민하고 계획할 수 있다. 이를 위한 인턴십 활동은 매주 수요일 꿈 너머 꿈 시간을 6시간 운영하며 교내 마중물 교사와 함께 계획을 수립한 후 학생들 스스로 멘토를 찾아 방문하여 활동한다. 이 과정에서 학생들의 희망에 의해 각 마중물 교사들이 학년별 2명씩 총 6명의 꿈동이들의 진로 및 학교 생활을 돕는 역할을 수행한다. 꿈 너머 꿈 수업은 한 학기 또는 1년 단위로 계획을 세워 진행하는 장기 프로젝트 학습으로, 이 과정에서 학생들은 이론적이고 단기적인 진로 탐색이 아니라, 직접 현장에서 멘토의 도움을 받음으로써 보다 체계적이고 다양한 진로 탐색을 할 수 있다. 또한 현장에서 학습한 내용을 스스로 정리, 평가, 피드백함으로써 진로 계획을 수립할 수 있는 성장의 기회로 만든다.

운동을 하다가 그만두게 된 이야기, 그림을 잘 그린다고 생각했는데 너무 잘 그리는 아이들이 많아 포기했다는 이야기 등 자신의 삶을 가감 없이 드러내는 이 시간이 참 소중하고 감사하다.

달력 메모 4

코로나로 인해 그동안 함께하는 교육 과정이 적었기에 춘천, 강릉, 횡성 지역에서 주말에 자전거 기행을 진행하며 공동체성에 생명력을 불어넣어 본다. 어사매 굽이진 길을 따라 가을바람을 맞으며 친구들과 함께 자전거를 타다가 단풍과 강물과 기암괴석이 너무 아름다워 횡성 주천강변에서 휴식을 취해 본다. 잠시 쉬고 있는데 동네 사시는 분들이 지나가며 하시는 말씀이 내 귀로 들려온다. "오랜만에 젊은 친구들이 마을에 많이 와서 사는 것 같고 좋구만." "줄지어 자전거 타는 모습이 참 멋지네." 이런 대화를 들으며 녀석들의 모습을 보니 단풍과 어우러져 수다를 떨고 있는 모습에 행복감이 높아진다.

강릉 하슬라길 자전거 타는 풍경은 각양각색이다. MTB 자전거를 비롯해 하이브리드 자전거, 바게트 빵을 넣으면 어울릴 듯한 바구니가 달린 일반 자전거, 그것도 모자라 2인용 자전거와 전동 킥보드까지 등장했다. 그 모습이 우스웠는지 아이들도 함박웃음이다. 경포호를 한 바퀴 에둘러 돌고 해파랑길 북쪽으로 이어지는 라이딩이 시작된다. 바닷가와 소나무 숲을 눈에 담으며 아이들 모습을 보니 바게트 빵 대신 친구들의 가방을 잔뜩 싣고 달리는 풍경, 보기에는 그림처럼 예쁜 2인용 자전거인데 서로 호흡이 맞지 않아 투덜거리는 풍경이 눈에 들어와 입꼬리가 올라간다. 잠시 쉬는 시간, 한 사람을 둘러싸고 사투가 벌어진다. 바닷물에 빠뜨리려는 자들과 빠지지 않으려는 자의 힘겨루기다. 결국 아이들은 선생님을 바닷물에 입수시킨다. 한동안의 괴성 뒤에 들려오는 웃음소리, 어깨동무하고 차가운 바닷물 속에서 사진을 찍는 이 순간을 아이들은 어른이 되어 어떻게 간직할지 상상해 본다.
모든 게 순탄할 리 없다. 전동 킥보드가 방전되어 꼼짝하지를 않는다. 하는 수 없이 저녁 예약이 되어 있는 학부모님 식당에서 차량을 빌려 킥보드를 옮기는 상황이 벌어졌다.
피곤해질 무렵 저녁을 먹기 위해 찾은 곳은 며칠 전 학생 사안이 생겼을 때 피해를 입었던 학생의 집이다. 부모님들께서 반갑게 맞아주신다. 횟집을 운영하고 계시기에 잘 되었다 싶어 이곳을 찾은 것이다. 서로 말은 하지 않지만 왜 이곳에서 식사를 하는지 의미를 모를 리 없다. 회복적 생활 교육이 뭐 별건가 하는 생각이 드는데, 아이들이 잘 알지 못하는 섭(홍합)국을 비롯해 푸짐한 횟감과 물회가 식탁에 올라 진수성찬이다. 집에 있는 아내가 생각나서 아버님께 포장해 달라고 부탁을 하였다.

달력 메모 5

마침내 10월 19일 전체 학년 등교 수업이 시작되었다. 이제야 퍼즐이 맞추어지는 느낌이다. 8개월 만에 전체 학년이 등교를 하니 살아 있는 것 같다. 그동안 온전하게 진행되지 못했던 나들회의, 기숙사 회의, 흡연자 회의, 통합 기행, 나들제, 방과 후 학교, 동아리 활동, 공감 소통, 정담회, 학부모 상담 등 계획이 줄지어 이어진다. 현천이란 공간에서 생활하다 보면 교육 활동 시작부터 진통이 오고, 잘 안 될 것 같은데도 신통하게 감동을 주는 모습들로 행사를 마무리하는 경우가 참 많았기에 '까짓것' 하는 마음으로 몸과 마음을 움직여 보련다.

저녁 7시 이후 보안관 선생님께서 퇴근하면 학교 정문이 무방비 상태로 안전 대책이 필요하단다. 그래서 요일별 책임 교사를 배정해 외출 지도를 해야겠다는 안건이 올라왔다. 수업과 상담, 생활 지도는 물론 기숙사 당번, 급식 당번, 에듀버스 당번, 발열 체크 당번, 흡연 지도 등 각종 당번이 많아 부담이 클 텐데 야간 정문 지킴이까지 하는 것이 만만치 않다. 그래서 자율적으로 희망 교사가 보안관 역할을 하면 좋겠다는 결론이 모아진다. 자율적으로 참여할 수 없어 미안함과 불편함이 있다는 의견도 나온다.

또 다른 안건이 올라왔다. "외출이나 산책도 어찌해야 할까요?"

월요일 아침 교사 회의는 또 그렇게 진행되고 나는 보안관실에서 지나가는 학생들을 살피는데 누군가 보안관실로 머리를 들이민다. 퇴사 당한 학생을 배웅한단다.●

● 기숙사 규정 위반 사안(음주, 흡연, 사감 지시 불이행, 기숙사 내 취식 등)이 발생하거나 쌓이면 기숙사에서 취침하지 못하고 정해진 기간 동안 가정에서 등하교를 해야 한다.

올해는 그 어느 해보다 가을을 오랫동안 느끼고, 느껴 가고 있는 것 같다. 마침 한 교실 귀퉁이에 쓰인 구절이 눈에 들어온다.

> 이 맑은 가을 햇살 속에선
> 누구도 어쩔 수 없다.
> 그냥 나이 먹고 철이 들 수밖에는.

창밖을 내려다보니 버스에서 내려 짐을 들고 들어오는 아이들의 모습이 보인다.

코로나
수업 탈출기

올해는 코로나로 인해 예전에는 볼 수 없던 여러 장면이 연출된다. 그중 하나가 수업 장면이다. 4월로 돌아가 생각해 보니 온라인으로 수업해야 한다는 막막함에 선생님들은 걱정이 태산이었다. 나는 그래도 과거에 거꾸로 수업을 해 본 경험이 있어서 영상 제작이나 수업 자료 만들기에 약간의 노하우가 있었지만, 이곳 현천은 교육 과정이 다르고 학생 특성이 다르니 처음부터 모든 것에 손이 가야 하는 부담감이 만만치 않았다. 당혹스러운 상황이지만 어차피 코로나와 함께 살아야 하니 새로운 패러다임에 도전해 보자는 곤조가 발동한다.

모두가 비슷한 마음이었는지 3월 어느 주말에 20여 명의 역사 교사들이 머리를 맞대고 온라인 수업에 관해 각자의 정보와 아이디어를 공유하기 시작했다. 누군가는 수업 영상을 제작하는 것이 엄두가 나지 않는다며 수업 내용이 검증된 특정 방송사 수업을 링크해 놓고 진행하는 것이 속 편하겠다고 했다. 솔직한 심정이긴 하지만 수업은 자존심 문제라며 퀄리티가 조금 떨어지더라도 내 수업에 내 얼굴과 목소리로 아이들을 마주하는 것이 좋겠다는 의견이 모이면서 집단 아이디어가 공유된다.

첫 수업 자료 제작을 위해 삼각대와 프로그램을 구입하고, 자료를 준비하고, 시나리오를 쓰고, 인트로 영상을 구상하고, 프로그램을 구동해 보며 영상 제작에 들어갔다. 처음으로 10여 분짜리 영상을 제작하는 데 4~5시간은 들어간 듯하다. 우리 아이들이 이 영상을 보면 어떤 반응을 보일까 궁금해하며 학교 온라인 수업 플랫폼에 탑재했다. 아이들도 처음 대하는 온라인 수업이었기에 초기에는 참석률도 좋고 댓글도 풍성해 기분 좋은 마음으로 피드백을 해 주었다. 그런데 시간이 지날수록 '모름', '글쎄?', '.' 등으로 영상 과제를 제출하는 녀석들이 많아진다. 내용이 길거나 어렵지도 않아 영상을 보면 쉽게 해결할 수 있는데 모르쇠로 나오는 것이 이상하다 싶었다. 그래서 유튜브에 들어가 학생들의 영상 시청 시간을 보았더니 평균 2분도 안 된다. 영상을 아예 보지도 않고 모르쇠로 답을 제출한 녀석들이 꽤 많은 것이다. 내가 수업에 들인 정성이 얼만데 생각하니 속상하고 괘씸하다. 그래서 생각한 방법이 정답이 틀리면 다음 문제로 넘어가지 못하고 지하실 방으로 떨어지도록 만들었다. 영상을 보지 않으면 탈출할 수 없도록 한 이른바 '방 탈출 수업'인 셈이다. 모르쇠로 과제를 제출하던 녀석들에게 약간의 골탕을 먹일 심산도 있었다.

이렇게 수업을 온라인에 올렸더니 슬슬 반응이 온다. "이거 왜 이래요? 다음 단계로 넘어가지 않아요"라며 온라인으로 물어 온다. 그래도 그런 녀석들은 기특한 마음이 들어 피드백을 해주며 해결해 주었다. 한 학생은 다음 단계로 넘어가지 않는다며 전화를 했는데 옆에서 엄마와 함께 진행하는 소리가 들려왔다. 혹시 엄마가 수업을 대신 해 주는 경우도 있을까 하는 생각도 들었다. 어떤 녀석들은 "어려워요", "짜증나요!", "안 할 거예요!"라며 각양각색의 불만을 토로한다. 그런 반응에 쌤통이라고 속으로 웃기도 했지만 왠지 불안하다. 온라인 지하실에 갇혀 헤매던 녀석들이 진짜 짜증난다며 과제 제출을 포기해 버리고 수업에 들어오지를 않는다. 결석에 덜 민감한 녀석들이 꽤 많으니 아예 온라인 수업을 째기 시작하면서 무단 결과가 늘어난 것이다. 일찍 일어나 수업에 참여하는 것만으로도 대견한 녀석들이란 점을 잊고 내 욕심으로 수업을 채우려 한 것 같다는 생각이 들었다. 이대로 가다간 아이들 출결에 문제가 생길 듯싶어 다른 수업 방법을 고민해야 했다.

이번에는 실시간으로 화상 수업을 시도해 볼까? 학생들 얼굴을 보며 인사도 나누고 묵직하지 않은 수업 주제로 역사 토크 수업을 하고 싶어 과감하게 시도해 보았다. 그런데 이번 수업에도 문제가 발생했다. 온라인 수업 기간 중에 낮과 밤이 바뀐 녀석들이 오전에 일어나지 못하고 꿈나라를 헤매는 것이다. 아니나 다를까 오전에 수업이 있는 학급 출석률은 현저하게 떨어져 버렸다. 지금까지의 수업 방법이 완전히 망한 건 아니지만 우리 아이들 상황에 맞는 수업 방법을 찾기가 쉽지 않았다. 그렇게 고민하던 중 다른 선생님들은 수업을 어떻게 진행하고 계실까 하는 궁금증이 생겼다. 가까운 데서 아이디어를 찾고 문제를 해결할 생각을 왜 못 했을까? 다른 선생님들 수업을 슬쩍 들여다보았다. 과목 특성이 있기는 하지만 여러 선생님들 수업 속에서 학생들이 어려워하지 않고, 수업 준비 시간도 줄이고, 의미도 찾을 수 있는 여러 가지 수업 모형이 눈에 들어왔다.

○○ 선생님이 올려주신 '내가 만일 ~라면'이라는 수업 주제를 보고, 정답이 있는 것보다 정답이 없는 건 어떨까 하며 수업에 적용해 보았다. 간단한 읽기 자료를 제시하고 식민지 시대나 아버지 세대로 돌아가서 '내가 만일 ~라면 어떻게 행동하고 어떤 생각을 가지고 살았을까?'라는 주제로 아이들과 온라인 토크를 해 보았다.

○○ 선생님이 올려주신 '모방 시 짓기' 수업을 참고해서, 내가 경험해 보고 싶은 시기로 돌아가 그 당시의 마음으로 시를 짓거나 일기를 쓰거나 편지를 써 보는 수업도 진행했다.

흥미로운 주제를 선정해 수업을 진행하는 ○○ 선생님의 수업 방법을 보고 나름 고민하면서 세계사 수업 주제 50여 개를 정했는데 학생들의 구미가 당길지 모르겠다. 망해도 어쩔 수 없다는 마음으로 진행하고 있는데, 그중 몇 개 주제를 적어 본다.

인류 최초 은행이 조그마한 탁자 하나로부터 시작되었다고?
왜 고대 사람들은 비누를 신의 선물이라고 했을까?
인류 최초의 테니스 경기에는 라켓이 없었다고?
중세에는 포크를 사용하는 일이 야만인의 행동이었다고?
파스타의 본고장이 이탈리아가 아니라고?
넥타이는 군복에서 시작되었다고?

코로나가 선물한 현천 온라인 수업 카페에는 10월 현재 선생님들이 올려놓은 2,421개라는 어마어마한 수업 자료가 있다. 훌륭한 수업 팁도 얻을 수 있고 내용도 흥미롭다. 그야말로 보석 같은 플랫폼이 만들어진 것이다. 자연스럽게 수천 개의 공개 수업 마당이 펼쳐진 것 같다. 하지만 빨리 코로나 수업에서 탈출하여 아이들과 감정선을 느끼며 날것으로 수업하면 좋겠다. 마침내 2020년 10월 19일, 내일이면 올해 처음으로 3개 학년 모두가 등교하는 날이다. 기대, 걱정, 설렘, 두려움 등 많은 감정이 머릿속에 자리 잡고 있다. 이런 감정 노트들을 내일부터 우리 아이들과 얼굴 맞대고 한 페이지씩 만들어 가겠지 생각하니 건강한 스트레스가 형성되는 것 같다.

현천스럽고 현천스러운 1

중앙 현관에 들어서니 학생들이 적어 놓은 노란 포스트잇이 여기저기 붙어 있다. '현천스러움이란 무엇일까?'라는 내용으로 수업을 한 듯싶었다.

포스트잇에 붙어 있는 학생들의 생각을 읽어 보며 과연 선생님들은 현천스러움에 관해 어떻게 생각하고 있을지 궁금해졌다. 요즈음 부쩍 교사 회의 시간이나 학년부에서 대화를 하다 보면 '현천스럽다'는 말을 자주 듣게 된다. 현천이라는 교육 공동체는 우리 모두에게 어떤 의미이고 어떻게 다가가야 하는지 선생님들마다 생각이 다르다. 이 주제가 궁금하기도 했지만 현천을 이해하는 중요한 요소라는 생각도 들어, 꿈동이•와 이야기를 나누다가 선생님들의 의견을 들어보자고 의기투합했다. 말이 의기투합이지 나의 일방적인 제안이었을지도 모른다. 꿈동이가 선생님들께서 답해 놓은 질문지를 수거해 왔다.

• '꿈 너머 꿈' 시간에는 한 명의 지도 교사인 마중물 교사와, 학년별로 2명씩 총 6명의 꿈동이가 함께 수업을 진행한다. 마중물 교사는 꿈동이와 수업 방향을 함께 고민하고 진로 탐색 활동 등을 지원하고 상담하는 등 다양한 역할을 하게 된다.

첫째 질문 : 선생님은 언제 현천스러움을 느끼시나요?

: 서로 다른 생각과 사연이 있는 친구들이 모여 부딪치고 관심을 넓혀 가며 성장하는 우리 아이들의 모습을 볼 때. 그리고 우리 아이들을 달래고 어르며 끝없이 기다림을 실천하는 선생님들의 삶을 느낄 때

: 틀에 박히지 않은 자유로운 생각과 행동 속에서 새로움을 발견할 때. 물론 이 과정에서 본인의 욕심을 채우는 데 집중하는 것이 아니라 함께 성장하고 함께 얻으려는 모습을 볼 때

: 잘하든 못하든, 잘났든 못났든, 크게 따지지 않고 서로 어울리고 보듬어 줄 때

: 비록 결과를 얻기까지 시간이 많이 걸리고 결과물이 훌륭하지 않더라도 학생들이 스스로 계획하고 실행하도록 인내를 가지고 기다리며 충고, 조언, 평가, 판단을 빠르게 하지 않는 모습을 볼 때

: 무엇을 하라고, 무엇이 되라고 강요하지 않는 것. 느리더라도 자신의 길은 자신이 찾아가도록 격려하는 모습을 볼 때

: 조금 더 귀찮게, 조금 더 힘들게, 조금 더 멀리 돌아가더라도 조금 더 나은, 조금 더 행복한 인생을 살아갈 수 있길 바라는 마음을 볼 때

: 학생들이 잘못을 저질렀을 때 무엇이 잘못되었는지, 어떻게 행동

해야 하는지, 하나씩 설명해 주는 선생님들의 모습을 볼 때

: 어디까지 인내하고 기다려줘야 하나, 어느 지점까지 이해하고 보듬어야 하나 하는 갈등을 느끼며 고민하는 선생님들의 모습을 볼 때

: 외부 교육 활동이 있는 날 아침까지 참가 인원을 확정하지 못해 당황한 모습. 출발 직전까지 버티는 녀석들과 얼굴이 보이지 않는 녀석들을 찾으러 다니는 선생님들을 볼 때

: 정적으로 보이는 모습 이면에 부정적인 모습들까지 '현천스러움'으로 포장되는 기분이 들기도 한다

> 두 번째 질문 :
> 현천살이 중 어떤 장면이나 교육 활동을 보면
> '참 현천스럽다!'는 느낌이 드나요?

: 정담회_ 학생 한 명을 두고 여러 명의 교사가 둘러앉아 가슴속에 가두어 둔 마음을 이야기하는 장면은 현천에서만 볼 수 있다. 이런 시간을 통해 아이들을 바라보는 마음이 달라진다. 서로 배우는 지점이다.

: 꿈 너머 꿈_ 저마다 속도는 다르지만 수요일 하루 전체를 온전히 자신을 탐색하고 진로와 직업, 삶의 방향을 발견해 가는 시간. 그리고 한 학기 활동 내용을 발표하는 '꿈날다' 시간에 서로 격려하고 피드백하면서 마음을 나누는 풍경을 볼 때

: 나들회의_ 나와 우리들이 모여 공동체의 삶에 대해 고민하고 의견을 나누고 함께 방법을 찾아가는 시간. 힘들지만 민주적인 의사소통을 배울 수 있는 소중한 시간이기에~.

: 학생 자치 활동_ 우리들의 끼와 웃음, 감동을 나누는 나들제 행사, 한달살이 소감도 듣고 작은 행사를 통해 소속감을 키우는 시간인 달매듭, 승패를 겨루기보다 함께 즐기며 소속감과 공동체성을 키우는 체육 행사인 현천 한마당, 한 달에 한 번씩 기숙사 규정과 생활에 관해 머리를 맞대고 토의하는 기숙사 회의, 3학년 학생들이 현천살이를 매듭짓기 위해 추억 쌓기 행사를 비롯해 사회로의 새로운 출발을 생각하는 사회인 면접은 물론 졸업 앨범 사진까지 직접 제작해 나가는 졸업준비위원회 활동, 학생들이 자율적으로 만든 40여 개의 동아리가 야간에 활발하게 움직이는 모습, 학교 교육 활동과 각종 행사를 기획해서 추진하는 학생 자치회 활동과, 그 활동을 지원하고 학생의 의견을 반영하려고 노력하는 모습을 볼 때

: 통합 기행, 겨울 산행_ 학생들에게 가장 많은 추억을 남기는 활동이지 않을까? 1학년 자전거 기행, 2학년 도보 기행, 3학년 나눔 기행을 비롯하여 '교실 밖 수업 여행', '겨울 산행'을 통해 힘들었거나 감동적인 장면들이 연출되고 그 과정을 함께한 학생들은 제각각 색깔이 다르고 속도가 달라 갈등도 많지만 '의미 있는 시간'으로 공감하고 마무리되는 모습을 볼 때

: 수업_ 들쑥날쑥 다양한 모습으로 수업에 임하는 모습, 수업에 들어오지 않은 친구들을 교실 안으로 불러들이고 기다리며 함께하는 모습. 교과서, 평가에 얽매이지 않고 자유롭게 하는 교육 활동, 홈베이스에 나뒹구는 애들을 볼 때

: 혼자서는 죽어도 안 할 것처럼 하다가 다 같이 움직일 땐 서로 밀어 주고 당겨 주면서 문제를 해결하고 극복해 가는 모습을 볼 때

: 서로가 서로를 존중하고 이해하고자 노력하며, 학교라는 공간 안에서 교사와 학생이라는 지위적 관계보다는 스승과 제자, 사람과 사람으로 서로를 알아 가고 더불어 배워 가는 모습을 볼 때

'현천스럽다'는 단어는 대안 교육의 삶을 노래하고 행복을 전하는 에너지의 원천이자, 순간순간 갈등과 눈물 보따리를 몰고 오는 금기어이기도 하지 않을까 싶다.
자유롭지만 자유롭지 못한 것 같고, 질서가 있지만 질서가 없는 것 같은 감동과 당황스러움이 공존하는 이곳에서 지난 1년간의 교육 활동 평가회가 한창 진행 중이다. 현천에서 가장 에너지를 많이 쏟는 학교 폭력, 흡연 문제 등 생활 지도에 대한 평가부터, 대안 교육 프로그램과 각종 행사 등 교육 과정에 대한 평가는 물론, 방과 후 학교, 무학년제로 운영되는 수업 방안, 학생들의 성장 지원 방안, 교사 회의와 학년부 체제의 소통 방안 등 12개 주제의 거대 담론을 진행해야 하는 피곤함과 부담감이 훅 밀려오는 시간들이다.

그리고 마지막 날 알록달록 포스트잇에 1년 동안 치열하게 생활한 선생님들 각자에게 칭찬 원더링을 하며 마음의 응원 글을 쓰고 계신 선생님 한 분 한 분의 모습이 참 사랑스럽고 존경스럽다.

사제 동행일까 사제 고행일까?

어느 날 시험 감독을 들어갔는데 교실 뒤켠에 낙서들이 보인다. 캐릭터도 그려 놓고 여기저기 수다 꽃이 피어 있다. 그런데 그중에 눈에 크게 들어오는 낙서가 보인다. '학교가 감옥 같다'라는 글과 '현천을 선택한 것이 내 인생의 가장 현명한 선택'이라는 글이다. 현천살이가 극명하게 나뉘는 낙서인 듯싶다.

어느 학교보다 학생들의 자율성을 보장해 주고, 선생님들은 아이들의 꿈과 끼를 키워 주려고 불철주야 애쓰는 학교인데, 어떤 녀석은 학교가 왜 감옥 같다고 생각했을까? 그렇지. 감옥 같을 수도 있겠다. 다양한 교육 활동에 발 담그고 이것저것 바쁘게 움직이는 녀석들에게는 기회와 성장의 배움터가 될 수 있겠지만, 몸과 마음이 힘든 녀석들에게는 감옥 같을 수도 있겠다는 생각이 들었다. 기숙 학교가 아닌 일반 학교에 다녔다면 적어도 방과 후에는 친구들과 만나서 개인적인 자유(?)를 만끽했을 텐데. 어떤 녀석들은 과거 지나친 자유로움 때문에 학교를 가지 않거나 지각이 다반사, 학교에 가더라도 줄곧 책상에 엎드려 있는 녀석들을 선생님이나 부모님들이 곱게 두고 보았을 리 만무하다.

현천은 학생들에게 스트레스를 풀고 각종 배움 활동 공간을 마련해 주기 위해 일반 학교에서 부러워하는 시설들을 꽤 많이 갖추고 있다. 학생들의 스트레스를 풀 수 있는 노래방을 비롯하여 고소한 냄새를 풍기는 쿠킹실, 나만의 디자인을 구상해 보는 패션실, 향기로운 냄새를 풍기며 담소의 장을 열어 주는 카페, 자르고 두드리고 연마해서 나만의 소품을 만드는 금속 공예실, 각종 악기를 구비해 놓고 마음대로 연습할 수 있는 음악 연습실, 머릿속 구상을 만들어 내는 목공실, 디자인 창작실로 손색이 없는 미술실, 각종 정보를 만나게 해 주는 미디어실, 아주 편안하게 책을 읽을 수 있는 따뜻한 분위기의 도서실, 몸과 마음을 튼튼하게 만드는 헬스 시설과 체육관에, 천연 잔디가 깔린 운동장 그리고 잘 관리하지 못한 당구대 등 일반 학교에는 없는 다양한 시설들이 구비되어 있다.

하지만 이렇게 훌륭한 시설과 공간이 있으면 무엇하겠는가? 마음과 몸이 움직이지 않는 학생들에게는 이런 공간이 자신의 답답함을 해소할 유인책이 되지 못하는 모양이다. 그냥 바깥으로 나가고 싶고 그곳에서 친구들과 늦은 밤까지 자유를 누리고 싶은 것은 아닐까? 관계가 힘들어 함께 있는 것이 너무 힘겹지는 않을까? 그런 녀석들에게 각종 규정을 지켜야 하는 기숙사 생활, 더구나 서로 성향이 다른 학생들과 공동체 생활을 하는 것 자체가 힘겨울 수 있겠다는 생각이 든다. 그러다 보니 흡연, 음주, 무단 외출 등 각종 규정을 어기는 학생들이 나올 수밖에 없지만, 공동체의 안전과 유지를 위해서라도 이를 묵인하고 간과할 수 없는 노릇 아닌가.

어느 날 현천 공동체 회의 시간인 '나들회의'•가 열리고 학생들이 동그랗게 모여 의견을 개진한다. 주제는 '각종 규정을 어기는 학생들을 어떻게 할 것인가'다. 이곳저곳에서 처벌을 강화해야 한다는 이야기부터 처벌만이 능사가 아니다, 규정 위반자가 스스로 깨닫고 책임지는 방법을 모색해야 한다는 등 여러 의견들이 쏟아진다. 그중 한 학생이 중학교 때 학교에 적응하지 못하고 다른 교육원에서 위탁 교육을 받았던 추억(?)이 생각났는지, 그곳에서는 규정을 위반하면 선생님과 함께 걷기도 하고 각종 수행을 했는데 선생님께 미안한 마음이 들어 일탈 행동을 자제했다는 발언을 한다. 이른바 '사제 동행 책임 수행'••을 제안한 것이다.
한쪽에서는 "잘못은 니네가 해 놓고 왜 선생님들을 고생시켜!" 하는 목소리도 들린다. 당시 행복문화부장(학생부장)이었던 나는 대안 교육 속에서 펼쳐질 사제 동행 책임 수행이라는 단어가 그렇게 아름답게 다가오지는 않았다. 우리 학교 특성상 앞으로 전개될 상황과 수고로움이 그려졌기 때문이다. 하지만 대다수 학생과 선생님들이 새롭게 규정을 만들고 시행하면서 공동체성과 개인의 성장을 기대해 보자는 쪽으로 의견이 모아졌다. 학생들에게 책임 수행은 어떤 방법으로 할지, 어떻게 단계를 나누어 적용할지 등 설문을 조사하고, 그것을 바탕으로 60여 가지 방법들을 모아 책임 수행 규정이 만들어졌다. 책임 수행의 몇 가지를 소개해 본다.

교무실 돌면서 인사 및 이유 설명하기(전 교직원 확인 받기), 편지 쓰기, 산행, 마을 봉사, 좋은 글 필사하기, 깜지 쓰기, 108배 절하기, 부모님 면담 및 상담, 청소 여사님과 함께 청소하기, 나들회의 때 사과문 낭독, 교장 선생님과 면담, 에듀버스 1주 탑승 금지, 학교 잡초 뽑기, 화단 꾸미기, 독후감 A4 1장 이상 쓰기, 동화책 내용 읽고 선생님께 말하기, 한 주 동안 강아지 돌보기(밥, 산책, 청소), 나들회의 후 의자 정리하기, 기간 정하고 금연(흡연자), 생각의자 앉아 있기와 느낌 나누기, 3주간 야식 금지, 한 달간 엘리베이터 금지(계단 이용), 기숙사 청소, 휴대폰 00일 압수, 벽 보고 서 있기(대화

● 화요일 7,8교시에 전교생과 전 교직원이 모이는 현천 구성원들의 공동체 회의 '나들회의'가 열린다. 여기에서 '나.들'은 '나'의 주체성을 잃지 않은 1인칭 개별자의 '들'이라는 것을 인식하며, 학교 구성원 개개인의 의견이 모두 존중되는 가운데 공동체 문제를 해결하도록 스스로 참여하고 결정한다. 교사와 학생들은 학교생활을 하며 불편하고 부당하고 또는 필요하다고 생각하는 안건들을 올리고, 현실적인 학교생활의 문제를 고민하고 해결 방법을 함께 찾아간다. 이런 정기 회의 외에 현천 구성원 다섯 명 이상이 발의를 하거나 긴급 사안이 발생할 때에도 개최해 충분한 토론을 거쳐 참석자 과반수의 동의로 생활에 필요한 규정이나 규칙을 결정한다. 이 과정에서 아이들은 자신의 목소리가 반영되어 학교의 규칙이 바뀌고 학교 문화가 만들어지는 것을 확인하며 자연스럽게 민주 시민으로 성장해 간다.

●● 현천고에서는 학생 생활 지도를 위해 처벌이 아닌 자발적 책임으로 학생 스스로가 선택한 자기 성찰 활동을 통해 반성하고 자신의 행동을 책임질 수 있는 기회를 제공한다. 주말을 이용해 자발적 책임 수행 희망 학생들과 희망 교사가 함께 등산을 하거나 텃밭을 가꾸며 노동의 가치를 배우고, 동물 돌보기를 통해 생명의 성장과 돌봄 과정에 참여하게 했으며, 명상과 함께 108배를 하며 자신을 들여다보게 하였다. 또한, 교내 청소를 하며 공동체에 입힌 피해를 회복하고, 지속적인 상담을 통해 자신을 마주하고 자신의 삶을 타인과 나누며 의사소통의 방법을 알아 가게 하였다. 그 결과, 본인이 선택한 활동이라는 점에서 징벌의 의미보다 스스로 반성하고 성찰하는 시간으로 의미를 부여할 수 있었고, 함께 책임 수행을 하는 과정에서 교사와 학생 간 소통의 장을 마련하여 교사는 학생을 이해하고 학생은 교사와의 유대를 개선해 관계 회복에 큰 도움이 된다.

금지), 팻말 들고 캠페인 활동하기, 마음 글쓰기, 그림 색칠하기, 금요일 오후 봉사 활동, 묵언 걷기, 사제 동행 걷기 등이다.

물론 그때그때 상황에 따라 책임 수행할 것들이 만들어지기도 한다. 망가진 의자 고치기부터 도보 기행 사전 답사, 겨우살이를 위해 연못에 살고 있는 금붕어 이송하기 등 이색적인 책임 수행도 등장한다. '사제 동행'이라는 명분이 걸려 있기에 선생님들에게는 또 하나의 짐 꾸러미가 될 수 있겠다는 생각이 들었다. 일단 가장 낮은 단계는 학생들이 스스로 책임 수행 내용을 제시, 선택하는 것부터 시작해서 일정 단계에 이르면 선도 위원회 조치를 받도록 하는 규정을 만들고 시행에 들어갔다.

책임 수행은 평일 야간이나 쉬는 시간에 이루어지는 경우도 있지만, 학생들에게 다소 불편함을 주기 위해 금요일 오후 다른 아이들이 에듀버스를 타고 귀가한 뒤 학교에 남아 진행한다. 그러니 선생님들도 많이 힘들고 진행 과정에서 또 다른 파열음이 들린다. 몰래 도망가는 녀석부터 에듀버스에 타고 있다가 잡혀 오는 녀석, 책임 수행 중에 뺀질대는 녀석들을 지도하다가 사제 동행이 아니라 사제 분열이 일어나기도 한다.

내가 가장 많이 진행한 책임 수행 중 하나가 사제 동행 걷기였다. 위반 단계에 따라 10킬로미터에서부터 온종일 걷기, 1박 2일 걷기까지의 단계가 있으니, 주중은 물론 주말에 이루어지는 경우도 있다. 책임 수행 대상자는 계속 바뀌기에 어떤 달에는 100킬로미터 가까이 걷는 경우도 있었다. 그렇게 걸으면서 벌어진 일들이 어디 한두 가지였겠는가?

길을 걸으며 길가의 자동차 표지판을 주먹으로 부수며 가던 녀석, 분명히 금연 수행인데 몰래 담배를 가져와 피우다가 걸리자 줄행랑 친 녀석, 걸어온 거리를 표시한다고 준비해 온 코팅 종이를 나무에 걸다 도랑으로 굴러 버린 녀석, 슬리퍼 신고 걷다가 줄이 끊어져 자갈밭을 맨발로 걸으며 투덜대던 녀석, 덥다고 아예 웃통을 벗고 마을길을 걷다가 눈살을 찌푸리게 만들던 녀석, 엄청 더운 여름날 학교에서 횡성터미널까지 20여 킬로미터를 걷다가 도저히 못 한다며 길가에 누워 버린 녀석, 동행자와 속도가 달라 늦게 오는 친구와 말싸움을 벌이다 한판 붙는 녀석, 길 가운데에서 고래고래 울며 소리 지르던 녀석 등 그 속에서 감당해야 할 내 몫이 만만치 않았다. 하지만 함께 사제 동행하며 나누었던 마음속 이야기를 통해 그 녀석들의 행동을 이해할 수 있고 편견도 바로잡을 수 있는 고마운 시간이기도 했다.

그러기에 나에게는 책임 수행(遂行)의 시간을 넘는 책임 수행(修行)의 시간들이었다. 그렇게 다져진 몸과 마음이 있었기에 지난겨울, 800킬로미터에 이르는 산티아고 순례길을 걸을 수 있지 않았을까 하고 생각해 본다.

쓰담쓰담, 현천을 쓰고
아이들을 담다

나는 매일 여행을 떠난다

장봉근

현천에서 아이들과 함께 성장하면서 문득 교사가 되고,
가끔 어른이 되는…….

나는 매일 여행을 떠난다

아침 출근길.

보안관 선생님이 잘 가꾸어 놓은 교문 앞 정원을 지나 아침부터 유난히 파란 하늘이 배경으로 깔린 학교로 들어선다. '정말 화창한 날씨네. 이런 때는 훌훌 여행을 떠나야 하는 건데' 하고 혼자만의 일탈을 상상하며 현천 교과동에 들어서는 순간, "어디 여행 가세요? 어깨에 가방을 메고 떠날 것 같은 분위기가 느껴져서요" 하고 행정실장님이 작은 웃음으로 인사를 건넨다. 나도 가볍게 눈웃음으로 인사하고 2층 교무실로 향하는데 걸음에 아쉬움이 가득 실린다.

'여행? 가고 싶다. 정말로!'

여행은 언제나 가슴 설레는 단어다. 여행을 떠올리는 것만으로도 흥분이 몸보다 앞서고, 들뜸이 마음보다 먼저 달려가기도 한다. 낯선 곳에 처음 갔을 때의 두려움과 떨림 그리고 우연히 경험하는 희열이 온몸으로 부딪쳐 올 때의 감정은 두고두고 추억이 되어 그때그때 꺼내는 얘깃거리가 된다. 사실 여행지에서 보고 먹고 자고 마시는 일들이 순조롭게 계획한 대로 마무리 되면 그냥 그렇게 여행을 잘 다녀온 것으로 만족하게 된다. 그런데 갑자기 일정이 틀어지고 계획에 차질이 생겼는데 예기치 않은 좋은 풍경이나 장소를 만나면서 느끼는 또 다른 감동, 황당하게도 일행과 떨어지거나 길을 헤매는 어처구니없는 상황 속에서 뜻하지 않은 사람을 만나서 벌어지는 인연 등은 여행의 MSG임에 틀림없다. 그러니까, 드라마틱함은 여행의 또 다른 감흥이다.

'잠깐! 그렇다면 혹시 나는 매일 여행을 가고 있는 게 아닐까?'

내가 매일 가는 그곳은 들어서는 순간 마음이 무겁고 두렵기도 하지만 흥분, 떨림, 설렘과 희열도 있고, 매일매일 같은 일이 반복되지 않는 새로움으로 다가오는 곳이잖나. 그래서 어느 날은 막장 드라마가 펼쳐지다가도 다음날은 감동 다큐가 밀려오는 각본 없는 드라마가 끊임없이 만들어지는 곳.

그래, 나는 오늘도 그곳으로 여행을 떠난다.

파란 하늘이 배경이 되어 주는 황톳빛 벽돌 건물이 있고, 푸른 잔디와 커다랗고 붉은 차양막이 묘한 조화를 이루고, 붉은색 그늘 아래 재잘대는 어른과 아이들의 높은 소리와 초록 연못의 울림이 한데 어우러지는 곳. 각자의 색깔이 반짝이는 물빛만큼이나 가득한 곳. 문제아는 있지만 문제아는 없는 곳. 부족한 사람은 많지만 각각의 작은 힘으로 풍성한 곳. 실패(Fail)를 다시 시작(Reset)이라고 해석하는 곳. 때론 자기주장을 합리화하기 위해 억지를 부리기도 하고, 너무 들떠서 세상이 떠나갈 듯 소리치기도 하고, 에너지를 주체할 수 없어 온몸으로 마음을 표현하기도 하고, 짜증을 입에 달고 무기력에 몸을 맡기기도 하고, 어제의 동지가 오늘의 적이 되어 싸움과 결투와 화해가 끊임없이 펼쳐지는 모래바람 흩날리는 이곳은, 알면서도 모르고, 오해 속에서도 이해가 생기고, 사막에서도 풀이 생기는, 알 수 없는 기운이 넘치는 현천(玄泉)이다.

그래, 나는 오늘도 이곳을 여행 중이다.

현천살이 100일!

'교육 과정 함께 만들기'부터 시작한 현천에서의 생활이 결코 쉽지 않았을 것이라고 생각합니다. 그래도 시간은 이렇게 우리의 생각과는 상관없이 흘러서 100일을 앞두게 되었네요. 어쩌면 흐르는 시간과 마찬가지로 선생님의 의지와 무관하게 현천으로 오게 되었을 수도 있었겠지요. 그러나 선생님께서 보여 주고 얘기해 주신 여러 내용들은 현천을 또 다른 방향으로 변화시키는 계기가 되었습니다. 그럼에도 불구하고 지금의 현천이 선생님에게는 맞지 않는 옷일 수도 있겠지요. 하지만 '주어진 옷에 자기 몸을 맞추기보다, 자기에게 맞는 옷을 지어 입을 줄 아는 아이를 기르는 것'이 교육이라면, 선생님도 현천이라는 옷에 그저 맞춰 살기보다는 현천을 변화시키면서 선생님에게 맞는 현천의 삶이 되었으면 합니다. 다만, 혼자가 아닌 여럿이 함께 공유할 수 있는 현천의 삶을 만들어 주시길 부탁드립니다.

선생님께 글을 쓴다는 것이 어색하여 괜히 글의 내용이 다소 엉뚱한 방향으로 흘러가는 듯하네요. 선생님과의 소중한 인연이 현천에서 시작됨에 진정으로 감사합니다. '대안' 속의 여러 의미들이 모든 학교의 일상의 가치관이 되었으면 하는 바람을 가지고 있습니다. 선생님께서 많이 힘써 주시고 함께해 주시길 바랍니다.

선생님의 현천살이 100일을 축하하며 또한 감사합니다.
현천에서의 삶이 이전의 학교생활과는 여러모로 달라서 결코 쉽지 않은 시간이었을 테고, 그로 인해 어쩌면 지금의 '고통'을 겪고 있는 것은 아닌지 미안하고 송구한 마음 가득입니다. 100일을 넘기 위한 고통, 그 힘듦을 넘긴다면 앞으로 어떠한 삶도 이겨 낼 수 있을 거라는 의미에서 100일을 축하하는 잔치를 하는 것이겠지요. 선생님께서도 현천에서의 100일은 단순한 시간의 흐름이 아니라 현천에서의 삶의 이유를 찾아가는 시간이었을 것이고, 그로 인해 현천에서의 삶에 여유를 가졌으면 하는 바람과 함께 앞으로 교직 생활의 튼튼한 뿌리가 되어 큰 가지로 성장하는 밑거름이 될 수 있기를 바랍니다. 현천은 분명 다릅니다. 아이들도 선생님들도 자기만의 색깔로, 자기만의 속도로 꽃을 피우는 꽃밭이라고 생각합니다. 그래서 사시사철 아름다운 정원을 만들기도 하지요. 그렇지만 사계절 아름다움을 유지하기 위해서는 정말 너무나 힘이 든다는 것도 아실 겁니다. 이런 풍경을 만들어 내기 위해 보이지 않는 곳에서 최선을 다하는 사람들이 있다는 것 또한 잊지 않아야겠지요. 그래서 모두가 고마운 사람들입니다.

'한 아이를 키우려면 온 마을이 나서야 한다'고 합니다. 그 마을에는 참으로 다양한 어른이, 여러 문화가, 가지각색의 도구들이 존재하고, 그런 것들이 아이들의 성장에 관여하기 때문이겠지요. 그런데 그 마을의 역사는 온전히 그 마을 속에서 오랜 세월 삶을 나누는 과정에서 일상으로 이루어지는 것이라고 생각합니다. 잠시 들렀다 가는 사람이 만들 수는 없을 겁니다. 1년을 살아도 온전히 그 마을에 뿌리를 내리듯 살아가는 사람들이 마을의 작은 역사, 문화 그리고 삶을 만들 것입니다. 선생님과 현천의 인연으로 인해 선생님도 현천도 지금까지와는 또 다른 든든한 뿌리 내림을 통해 각자가 또 한 번 성장의 날갯짓을 하는 계기가 되었으면 합니다. 선생님을 비롯한 100일을 보내는 여러 선생님과 기존의 선생님, 학생들의 다양한 문화가 어우러져 현천이라는 마을 공동체는 보다 복잡한 삶의 생태계를 형성할 것이고, 이는 현천의 건강성을 더욱 공고히 할 것이라고 확신합니다.

현천이라는 공동체는 순간순간의 힘듦이 모여 나름의 성과를 얻어내는 묘한 곳입니다. 질서도 없고 원칙도 없는 것 같으면서도 그때그때 공동체 회의를 통해 만들어 가는 곳입니다. 그럼에도 불구하고 현천 공동체는 바다로 바다로 내려가고 있습니다. 각자의 물줄기를 가지고 흘러가고, 또 흘러가는 동안 끊임없는 변화를 보이기도 하지만 결국에는 큰 바다에서 하나로 만날 것이라는 믿음을 가지고 살아가고 있습니다.

선생님과의 인연으로 현천은 또 한 걸음 나아가고 있습니다. 함께 해 주셔서 감사합니다.

2020년 6월 8일, 현천 가족 모두의 마음을 모아

p.s. 전보 특례가 아닌 일반 발령으로 현천에 오신 선생님에게 드리는 100일 축하와 감사 편지 내용을 조금 수정했습니다. 사실 선생님께 글을 쓴다는 것이 너무나 오만임을 알지만 그럼에도 선생님께 편지를 드렸고, 그 내용을 감히 올려 봅니다. 이미 저는 현천의 꼰대이기에 이 글을 부담 없이 썼고, 이렇게 공개합니다. 다만, 이 글 내용에도 있지만 100일 즈음에 많이 힘들어하시기도 해서 이 글로 인해 조그마한 위로가 되었으면 하는 바람도 가졌습니다. 현천에서 함께한다는 것만으로도 너무 감사하고 또 감사합니다. 선배로서, 현천에 조금 먼저 있었다는 이유로 이 글을 쓰지만 그렇게만 보지 말고 그저 함께하는 동료의 마음으로 읽어 주시길 바랍니다.

잡초처럼 살되
잡초는 되지 말자

학교 뒤쪽으로 무작정 걷는다. 마음이 심란할 때마다 가끔

걸었다. 현천에 처음 왔을 때부터. 어떤 의도가 있는 것이 아니라 그냥 걷고 싶었다. 어쩌면 힘든 순간을 벗어나고 싶은 마음도 있었을 것이고, 내 마음을 너무 아프게 한 아이를 잠시 잊으면 새롭게 볼 수 있었던 기억에 그냥 나갔던 것도 같다. 그런 의미에서 보면 걷는 것은 의도가 있었던 것 같다. 무의식의 발걸음이 이끌었다 생각했는데……. 산책 횟수만큼이나 내 마음은 흔들렸고, 그때마다 나를, 나의 길을 그리고 현천을 돌아보게 되었다. 내가 왜 이 자리에서 이렇게 흔들리는지 자책도 하고 반성도 하고 후회도 하면서 앞으로의 삶을 끊임없이 고민하지만 결국 정답도 없는 시간을 보내고 돌아오곤 했다. 길 위에서 뭔가 얻고 싶었는데 말이다. 그럼에도 불구하고 나는 여전히 이곳, 현천에 있다.

학교 뒤쪽으로 산책을 가기도 한다. 하늘빛이 좋아서, 부는 바람이 상쾌해서, 흩날리는 나뭇잎이 좋아서, 아이의 웃음소리가 좋아서, 산책을 한다. 마음껏 여유를 누리고 싶은 순간에, 아이들과 얘기하고 싶은 순간에, 그렇게 작은 의도를 가지고 소박한 일탈이라고 여기며 교문 밖을 나선다. 그저 학교 울타리 밖일 뿐인데도 괜한 해방감이 든다. 학교는 이런 존재인가 보다. 나 역시 학교 밖에서는 선생님이라기보다 아이들과 함께 즐기는 존재인 듯해서 같이 들떠 있음을 느낀다. 학교 밖에서 만나고 얘기하는 순간은 오히려 더 현천다워서 좋다. 길 위에서 조잘대며 웃고 떠드는 일은 학교 안과는 또 다른 의미를 준다. 아이들의 마음을 읽게 된다. 아이들과 한편이 된다. 그래서 나는 언제나 이곳, 현천에 있다.

현천에서의 첫해(2015), 첫 아이들과 '노작과 자연' 수업을 하던 시절, 교문 쪽 작은 텃밭을 가꾸는 일인데도 불구하고 참 어렵고 힘들고 기운 빠지는 시간이었다. 벤치에 누워 잠자는 아이, 기둥에 기댄 채 휴대폰만 보는 아이, 서로 잡담만하는 아이들, 장난치면서 저 멀리 뛰어가는 아이들, 그냥 한군데 앉아서 하염없이 땅을 파는 아이, 왜 우리가 텃밭을 가꿔야 하는지 모르겠다고 불평하는 아이, 그 옆에서 재미있다고 웃고만 있는 아이……. 그럼에도 불구하고 몇몇 아이들이 나와 함께 땅을 파고 비닐을 덮고 모종을 심어 어느 정도 완성된 모습을 볼 때는 나름 의미 있는 눈길을 주기도 했다. 당장은 쉽지 않겠지만 훗날 이런 활동이 왜 필요했고, 활동하지 못한 데 대한 아쉬움과 활동 경험의 뿌듯함을 느끼는 날이 올 거라는 믿음으로 꾸역꾸역 해 냈던 기억이 있다. 그런데 텃밭을 가꾸고 잡초를 뽑으면서 문득 떠오른 문장 하나. 우리 아이들은 '잡초처럼 살되, 잡초는 되지 말자'는 것이었다. 참으로 질긴 생명을 가졌지만 언제나 천대받으면서 잡아 뽑히는 존재가 되고 마는 잡초. 질기게 살아가되 무참히 뽑히는 존재가 되지 말았으면 하는 바람. 그 하나의 문장은 '노작과 자연' 수업의 고단함을 일거에 해소했다.

오늘도 학교 뒤쪽으로 산책을 했다. 가을 초입에 든 현천의 하늘은 참으로 맑고 푸르렀다. 은행잎이 노랗게 물들어 가고, 바람은 상쾌

했다. 눈앞에 있는 모든 것이 나의 감각을 깨우는 듯했다. 그래서일까. 문득 아스팔트 틈에서 자라는 풀들이 눈에 들어왔다. 갈라진 그 틈에서 어떻게 저렇게 자랄 수 있는지, 저런 질긴 생명력은 과연 어디서 오는지, 지나가는 차에 매번 밟히면서도 끝끝내 살아가는 그들의 마음은 무엇인지. 사실 새로울 것도 아닌 그저 흔하게 보는 모습이었는데도 불구하고, 왜 그때는 그렇게 감상적이었는지 모르겠다. 아무튼 그때 그저 생각나는 대로 휴대폰에 이렇게 써 보았다.

잡초처럼

아스팔트 틈 흙에도 뿌리내려 살고자 애쓰는 꽃이 있다.
그나마 꽃이라도 피워 낼 수 있어 눈길을 받는다.
그저 풀처럼 살아난 그저 그런 잡초는 발에 밟힐 뿐
그저 밟힐 뿐이지만
내일도 그 모습으로 그곳에 있다.
그저 그런 모습일지라도
그저 그렇게 밟히고 살지라도
그들은 끝끝내 살아간다.
바람에 흔들리며 살아가는 꽃들도 있지만
비에 젖으며 살아가는 꽃들도 있지만
밟히며 밟혀도 끝끝내 그 자리에 있는
이들에게 더 마음이 간다.
누구의 눈길 끌지 못해도
누구의 마음 끌지 못해도

그냥 이들이 좋다.
이름을 부르지 못해도
그들의 삶이 나는 좋다.
그렇게 일어나서
그렇게 꼿꼿하게
그렇게 살아가길 소망할 뿐.
잡초라 불리어도
잡초처럼 끝끝내 살아가길.
그러나
잡초처럼 살아가되
잡초는 되지 말았으면.

현천에서 나의 길을 다시 묻다

어느 날 집으로 가는 차 안, 라디오에서 흘러나오는 노래에 순간 마음이 빠져들었다.

"당신의 사랑 먹고 사는 그런 여자 / 바로 내가 요즘 여자 … (중략)"

정말 아무 생각 없이 지금의 내 마음을 얘기하는 듯했다. '학생들의 사랑을 먹고 사는 내가 되었으면 좋겠다'라고 생각해 이 노래 가사를 찾아 '노래 가사 바꿔 부르기'를 해 보았다. 그냥 미소가 생겨난다.

착한 학생 나쁜 학생 따로 있나 / 교사 하기 나름이지 요즘 학생
행복한 학교 변함없이 지켜 주는 바로 내가 요즘 학생
밥만 먹는 학생이 어디 있나 / 꿈이 없는 학생이 어디 있나
교사의 사랑 먹고 사는 그런 학생 바로 내가 요즘 학생
학생이란 이유 하나만으로 모든 것을 참고 살아가지만
그게 우리의 일상이라면 무엇으로 보상받나
당신이 내게 무심코 던져 버린 그 한마디에
웃고 우는 학생 웃고 우는 학생 / 요즘 학생입니다

착한 교사 나쁜 교사 따로 있나 / 학생 하기 나름이지 요즘 교사
행복한 학교 변함없이 지켜 주는 바로 내가 요즘 교사
일만 하는 교사가 어디 있나 / 열정 없는 교사가 어디 있나
학생의 사랑 먹고 사는 그런 교사 바로 내가 요즘 교사
교사라는 이유 하나만으로 학교 일에 쫓겨 살아가지만
그게 우리의 일생이라면 무엇으로 보상받나
당신이 내게 무심코 던져 버린 그 한마디에
용기 얻는 교사 용기 얻는 교사 / 요즘 교사랍니다

학생은 학생대로, 교사는 교사대로, 각각의 사랑을 필요로 하면서도 왜 이렇게 관계 맺기가 어려울까? 서로가 필요로 함을 안다는 건 해결할 수 있다는 말이 아닐까? 그럼에도 왜 이렇게 힘들어할까? 주고 싶지 않은 걸까? 아니면 주는 방법을 모르는 것일까? 그것도 아니면 줬는데도 받지 않는 걸까? 받는 방법을 모르는 것일까? 왜 이렇게 복잡하기만 할까?

사람 사는 세상은 다 그런 것이라고 얘기하면 할 말은 없지만 참으로 안타깝기만 하다. 어쩌면 우리는 너무나 많은 생각(이해타산)을 하고 있는 게 아닐까? 그저 단순하게 그들의 마음을 위로하는 말 한마디, 미소 한 움큼, 어깨 토닥일 수 있는 작은 손바닥이면 될 텐데……. 사실 누군가 내게 그렇게 간단한 이 사랑법을 실천했냐고 물어본다면 어쩌면 나 역시 부끄러울 수 있다. 선생인 척, 어른인 척, 그래서 꼰대처럼 가르치려고만 했기 때문일 것이다. 지금 돌아보면 부끄러운 자화상이다.

산모퉁이를 돌아 논가 외딴 우물을 홀로 찾아가선
가만히 들여다봅니다.
우물 속에는 달이 밝고 구름이 흐르고 하늘이
펼치고 파아란 바람이 불고 가을이 있습니다.
그리고 한 사나이가 있습니다.
어쩐지 그 사나이가 미워져 돌아갑니다.
돌아가다 생각하니 그 사나이가 가엾어집니다.
도로 가 들여다보니 사나이는 그대로 있습니다.
다시 그 사나이가 미워져 돌아갑니다.
돌아가다 생각하니 그 사나이가 그리워집니다.
우물 속에는 달이 밝고 구름이 흐르고 하늘이
펼치고 파아란 바람이 불고 가을이 있고
추억처럼 사나이가 있습니다.
_윤동주, '자화상'

나를 돌아본다는 것은 '미워지기도 하고, 가엾어 보이기도 하고, 그렇지만 또 미워지면서도 그리워지는' 그런 존재로서의 '참 나'를 찾는 일로, 나름의 의미를 갖는다. 힘들어서 자책도 하고 때로 위로도 하면서 앞으로의 삶의 방향을 찾아가는 기회가 되기도 한다. 사실 지금까지는 과거 속에 정답이 있다고 생각했고 학생들과의 관계에서 교사의 길을 찾으려고 노력했고, 결과적으로 현천에 온 계기도 되었다.

현천에 오기 전, 1990년대 중반 두 번째 학교에서 근무할 때였다. 소위 '문제아'라고 생각했던 아이들이 성인이 되어 모임을 가진 날, 함께 술을 마시면서 그들이 보여 준 환한 미소와 감사의 말이 나를 한없이 부끄럽게 했다. 분명히 힘든 마음을 그대로 받아 주지 못하고 이것 재고 저것 재면서 그들을 위한다는 달콤한 말로 상처를 주었을 텐데도, 오히려 나를 안아 주고 잘 살고 있으니 걱정 말라고 토닥이는 그들이 나에게 더 잘하라는 채찍으로 다가왔다. 그들은 건강하게 성장하여 나에게 당혹감과 기쁨을 안겨 주었다. 커다란 미안함과 고마움을 느끼면서 이제 그들에게 무언가 보답할 수 있어야겠다는 강한 생각을 하게 되었다.
단언컨대 현천에 오기 전에 나의 교직 생활은 교사가 주도하는 아이와의 관계가 있을 뿐이고, 어떻게 하면 아이들을 삶의 큰길로 갈 수 있게 할지 고민하며 샛길로 가는 것 같으면 막아서고, 돌아가는 것 같으면 되돌려 보내고, 멈춰 설 것 같으면 격려와 꾸중으로 멈추지 말고 계속 가기를 강요했다. 그러느라 내가 하는 말로 인해 아파하는 아이들은 보지 못했다. 아이들의 힘듦은 아이들의 몫이라고만 생각했다. 그래서 아이들을 위한다고 때론 민주적인 달콤함으로 강요 아닌 강요를 하면서 꼰대 같이 행동하는 것을 당연한 교사의 길이라고 생각했다. 현천에 있는 지금도 그렇게 하는지 모르지만 그래도 조금씩 생각이 바뀌고 있음을 느낀다.

'왜 모두가 가는 길에 우리가 꼭 있어야 하지?'에 대한 고민이 생긴 것이다. 각자의 인생은 그 자체로 소중하고 훌륭하다고 말하면서도 어째서 모두가 함께하는 그 길로만 가야 한다고 강요할까? 어떤 아이들은 샛길을 돌아서 큰길에서 만날 수 있고, 어떤 아이들은 높은 산을 넘어서 만날 수 있고, 어떤 아이들은 큰 파도와 맞짱 뜨느라 조금 늦게 만날 수도 있고, 때로는 높은 산과 큰 파도에 좌절하며 출발도 못하고 주저앉아 있기도 하지만, 끝내는 큰길, 넓은 바다에서 모두 만날 것을 현천의 아이들을 통해 조금씩 이해하고 교사로서의 삶에 관해 물어볼 수 있게 되었다. 한 아이 한 아이의 삶이 다르기 때문에 아픔도 미소도 다르고 당연히 방향도 다 다를 수밖에 없다. 아니, 다 다른 것이 당연하다.

인생은 마라톤일까?
누가 정한 코스며, 누가 정한 결승점이야?
어디로 달리든, 어디를 향해도 좋아. 자기만의 길이 있어.
우리들이 아직 만나 보지 않은 세상은 터무니없이 넓어.
발을 내딛는 거야. 실패해도, 돌아가도 좋아.

누구랑 비교하지 마. 길은 하나가 아니야.
그건 인간의 수만큼 있어.
모든 인생은 훌륭하다.
_일본 광고에서 일부 발췌

현천에서 나의 삶은 '행복한 공동체'를 꿈꾸는 것이다. 지금까지는 교사 개인의 관점에서 아이들을 바라보고 아이들과 관계를 맺고, 그로 인해 기쁨과 슬픔을 경험하는 것이 교사의 삶이라고 생각했다. 그 외에는 그저 부수적인 것이라 여겼다. 그런데 이곳 현천은 교사와 교사, 학생과 학생, 교사와 학생 그리고 학부모(지역)가 함께 가야 할 '앎과 삶이 하나 되는 행복 공동체'를 만들려고 한다. 학교는 공동체여야 한다는 데 분명 동의한다. 지금까지는 학생들을 바라보며 살아온 삶에서 좀 더 넓혀 함께 살아가는 동료 교사들의 고단한 삶을 바라보고, 학생과 학생들이 부대끼는 모습에도 관심을 가져야 한다. 그래서 여러 어려운 일상 속에서도 선생님에게는 함께하고 있다는 믿음으로, 아이들에게는 언제나 따뜻한 공감으로 서로 마음을 나누는 소박한 '행복 공동체'를 만들고 싶었다. 하지만 나는 '개인'과 '공동체'라는 단어 사이에서 혼란스러울 때가 있다.

사람들 사이에 섬이 있다
그 섬에 가고 싶다
_정현종, '섬'

사람들 사이에
사이가 있었다 그
사이에 있고 싶었다
양편에서 돌이 날아왔다.
_박덕규, '사이'

사람들이 그토록 가고 싶어 하는 '섬'이 바로 '현천'이었으면 했다. 그런데 섬까지 가는 길이 참으로 힘들다. 사람들의 '사이'는 때로 너무 멀고, 깊다. 또한, 섬 주변 사람들의 바다 그 '사이'는 언제나 고요한 듯하면서도 풍랑이 몰아치고 거대한 파도가 일기도 한다. 그래서 사람들의 바닷속 그 '사이'에 존재하는 것으로 만족하고 싶기도 했다. 하지만 그것이 오히려 상처로 다가오기도 했다. 저마다 가치관의 뚜렷한 차이를 인정하면서도 '사이' 극복이 참으로 쉽지 않았다. '사이'를 넓혀 나가는 것이 오히려 좁히는 것보다 낫다는 사실을 깨달았다. '사이'는 '관계'이며, 이런 관계를 이해하려면 마음을 넓혀 모든 것을 받아들일 수 있는 바다의 마음이 필요하다. 비록 개인의 가치관과 공동체의 원칙이 충돌하고 각자의 가치관이 대립할 수도 있지만, 어떤 형태의 결과가 나오더라도 서로를 인정하고 지지하는 넓은 마음이 바로 공감의 '관계 맺기'다. '섬=현천=행복공동체'가 된다는 것은 가는 길이 어쩌면 다를지라도 끝내는 같은 종착점에서 만나는 일이다. 넓힘으로써 좁아지고, 개인을 인정해야 함께할 수 있는 가치를 추구할 수 있다. "서로 어깨 걸기 전에 먼저 서로를 마주 보아야 한다(레비나스)"라는 말처럼, 어깨 걸고 함께 같은 길을 걷고 있다는 것으로 모든 걸 안다고 생각할 수 있다. 하지만 자신의 마음을 숨김없이 보여 줄 수 있어야 한다. 또한 그것을 마주 대할 수 있어야 한다. 그것이 바로 동료애다. 가던 길 멈춰 서서 자신을 돌아보고, 주위에 있는 동료를 바라보고, 서로를 따스한 눈길로 마주보고, "당신은 참 괜찮은 사람입니다"라고 말할 수 있으면 한다. 그 따뜻함의 파동이 아이들의 가슴을 울리고, 그 울림이 학교를 흔들 때 비로소 학교에는 새로운 변화가 생긴다. 변화는 이렇게 단순하면서도 느리고, 고요하게 시작한다.

> "교육으로 하여금 삶의 운동이 되게 하라.
> 봄꽃들이 피어나듯 바람이 불 듯 소리도 없이 곡식이 익듯
> 변화가 '홀연히' 찾아오게 하라."
> _송순재 선생님 글에서

'선생님! 늘 그 자리에서, 늘 그렇게 든든함을 주시니 감사해요.'
항상 잊지 않고 소식을 전해 주는 제자의 글에 고마움과 부담감이 함께 어깨를 누른다. 사실 대단한 포부와 신념을 가지고 교직을 선택한 것은 아니다. 얼떨결에 이 자리에 있으면서 나의 성격대로 아이들과 만났고, 큰길로 갈 것을 강요했고, 그것이 최선이라 생각하며 그저 걸어왔다. 마치 그 길을 내가 만들어 낸 것처럼. 가끔씩 그 길을 되돌아가 보고 싶다고 생각한다. 후회하지 않는 삶이야 없겠지만 그래도 다시 그때로 돌아간다면 뭔가 다른 긍정의 메시지를

줄 수 있을 것 같은 느낌이 들 때가 있다. 생각 없이 살아온 나에게 이렇게 잠깐의 쉼을 주고 돌아볼 수 있는 기회를 준 곳이 바로 현천이다.

정신없이 지나가는 하루 일과 속에서도 아이들과 만나서 나누는 대화는 시간 가는 줄 모르게 아이들 마음속으로 스며들 때가 많다. 아이들의 힘들고 아팠던 지난 얘기, 지금 현천에서 변화하고 싶은 마음 등을 들을 때면 가슴이 먹먹해 온다. 이렇게 삶이 쉽지 않은 아이들과 그 아이들을 만나면서 마음을 나누고자 애쓰는 선생님들과의 얘기 속에는 내가 감히 경험하지 못한 삶의 감동이 진하게 자리 잡고 있어서, 내가 감히 위로하기보다는 그저 듣고 끄덕여 주고 같이 아파하고 쓴 미소를 짓는 일밖에 없다. 마음을 알아주는 단 한 사람이 될 수 있으면 하는 바람뿐.

오늘은 문득 헤이즐넛 커피를 한 잔 마시며
닫혀 있던 가슴을 열고 감춰 온 말을 하고 싶은 사람이
꼭 한 사람 있었으면 좋겠다는 생각을 합니다.
외로웠던 기억을 말하면 내가 곁에 있을게 하는 사람
이별을 말하면 이슬 고인 눈으로 보아 주는 사람
희망을 말하면 꿈에 젖어 행복해지는 사람
험한 세상에 굽이마다 지쳐 가는 삶이지만
때로 차 한 잔의 여유 속에 서러움을 나누어 마실 수 있는
마음을 알아주는 단 한 사람
_배은미, '마음을 알아주는 단 한 사람'

때론 갈등하며 아파하고 힘들어하고, 엉뚱한 짓도 저지르고. 너무 너무 속상한 일도 생기지만 그래도 서로를 알아가기 위한 끊임없는 얘기 속에서 작은 신뢰가 만들어지고 있음을 알게 되었다. 그것이 새롭게 다시 시작할 수 있는 힘이 된다. 그럼에도 불구하고 끊임없이 내 자신에게 '대안 교육이 무엇일까?', '과연 지금까지의 내 삶은 어떤 것이었나?'라는 질문을 던지기도 한다. 많은 고민 속에서도 역시 나는 그저 교사일 뿐이지만, 조금씩 대안 교육에 눈을 떠 가고 있다. 대안(代案)교육을 대안(對眼)교육으로 만드는 것, 아이들과 눈을 마주하면서 같이 웃고 울어 줄 수 있는 교육, 함께 고민하고 격려해 주는 것 그리고 각자의 삶을 그 자체로 인정하고 지지해 주는 것이 교사의 길이지 않을까 한다. '그래봤자 교사지만, 그래도 교사라는 것'을 하루하루 증명하듯 살아가고 있다.

앞을 향해 눈을 떠서 한 발 두 발 다 함께
꿈을 향해 나아가자 느려도 좋아
또 다른 시선들이 널 힘들게 할지도 몰라
사람들의 비판 속에도 혼자 울지 마
절대 포기란 없어 좌절 따윈 버리고
함께 어깨 걸고 다시 활짝 웃으며
세상을 향해 뛰어갈 거야. 자유롭게 꿈꾸며
존중과 자람, 나눔과 행복
찾아가는 우리 빛나는 꿈별들
_'현천의 노래'(현천 1기 학생들 작사·작곡)

이렇게 현천의 아이들은 '존중, 자람, 나눔'을 실천하고 '앎과 삶이 하나 되는 행복 공동체'의 꽃밭을 만들어 내기 위해 하루하루 각자의 방식대로, 저마다의 속도로 살아가고 있다. 빠르게 피는 꽃은 그런 대로, 느리게 피는 꽃은 또 그런 대로 사시사철 현천의 꽃밭을 이룰 거라는 믿음으로, 아이들이 충분히 변화하고 성장할 수 있도록 우리들은 기다리고 또 기다린다. 그래서 현천은 언제나 '시작'이고, '배움'이며, 그리고 '기다림'이다.
현천으로 가는 이 길에 나는 다시 '나'를 만나고 있는 것이다.

'사랑'이 내게로 오다

2020 자전거 통합 기행 마지막 날, 학교에서 출발한 1학년 자전거 기행은 어느덧 이틀의 고행(?)을 거쳐서 그런지 상쾌하기까지 했다. 그런데 그것은 나만의 생각. 오르막길에서 자전거를 끌면서 걸어가는 아이들은 말을 전혀 하지 않고 그저 오르기만 할 뿐 얼굴은 무표정 그 자체였다. 그래도 어제는 힘들지만 크든 작든 짜증과 욕설, 푸념과 격려 등이 뒤섞인 얘기 소리가 있어서 서로에게 힘이 되었고, 그런 짜증과 욕설, 푸념과 격려를 표정으로 나타내 주었기에 때로는 즐겁기까지 했는데……. 마지막 날이라 더 힘이 날 것이라는 건 나만의 착각이었다. 사실 이런 착각이야 현천에서는 비

일비재해서 크게 생각하지는 않지만. 아무튼 무거운 몸을 이끌고 나아가면서 조금씩 몸이 풀리는 것도 있었다. 사실 전날보다 평지와 내리막길이 더 있었던 것도 한몫했다. 그런데 결국 올 것이 오고야 말았다.

지금까지 경험하지 못한 코스가 나타났다. 큰길가에서 샛길로 접어들더니 점차 높아져 가는 길, 끝이 보이지 않는 꼬부랑길이 눈앞에 펼쳐졌다. 대개는 씩씩하게 말없이 자전거를 끌면서 올라갔고 뒤처진 아이들은 저마다의 힘듦을 해결하면서 천천히 아주 천천히 오르고 있었다. 사실 나는 한 아이에게 눈길을 주고 있었다. 분명 올라가긴 할 것이다. 다만 나는 기대했다. 주저앉고 힘들어서 못 가겠다고, 쌍욕을 해 대면서 왜 이런 것을 하냐고 큰소리치기를. 그랬다. 나는 그 아이가 자전거를 내팽개치면서 화도 내고 욕도 하기를 기대했다. 뒤쪽에 있던 내가 그 아이를 지나면서 아이에게 “욕 나오지 않냐?”, “이런 곳을 걸을 때는 욕하면서 가야 힘이 날걸?” 하고 무심한 척 물었다. 그 아이는 대답하기조차 힘들다는 눈빛만(마스크까지 하고 있어서 더 힘들었을 텐데) 보내왔는데, 그 옆에서 도와주던 친구가 “샘, 욕했어요. 어떻게 얘기한 줄 아세요? ‘정말 짜증나’라고 했어요”라며 낄낄댔다. 그 얘기를 들은 나는 “그게 뭐가 욕이냐? ‘×나 짜증나’ 정도는 해야지”라면서 그래도 자기 소리를 낸 아이에게 미소를 보내며 자전거를 달라고 손을 내밀었더니 미안해하면서 자전거를 건넸다. 오르막 정상에서 기다리던 나에게 그 아이의 친구가 오더니 “샘, 아까 걔가 ‘×나 짜증나’라고 했어요”라고 말하며 환하게 웃고는 내 앞을 지나갔다. '그랬구나. 너 역시 욕을 할 줄 아는 아이였구나. 그럼 그렇지. 그렇게 욕도 하면서 힘을 내는 거지. 자기의 소리를 낼 줄 알아야 더 힘든 일도 해낼 수 있지.' 혼자 생각하는 나의 온몸에 바람이 스치면서 전율을 만들었다. '사랑'은 그렇게 표현해야 하는 것을 알았으면 했다.

수업 시간, 출석 확인차 부르는 자신의 이름에도 대답이 없는 한 아이가 있었다. 일부러 이름을 두 번, 세 번을 부르기도 했다. 그 아이의 대답 소리를 듣고 싶어서. 그런데 그때마다 아이는 말없이 손만 들었다. 나는 그렇게 그 아이에게 관심을 갖게 되었다. 그때도 그랬지만 지금도 이름을 부르면서 아이를 바라볼 뿐이다. 대답조차 하지 못할 만큼 소심한 아이는 몸집도 작고 마음이 여린 모습이 마스크를 한 얼굴에서도 쉽게 알 수 있었다. 하지만 쉬는 시간에 친구들과 어울려 얘기하는 모습을 보면서 많이 걱정하지 않아도 되겠다고 생각했다. 친구들과 얘기할 힘이 있다는 건 분명 변화 가능성이 있다는 말이다. 천천히 조금씩 그 아이에게 다가가고, 어떤 상황이 생기면 반전의 기회가 있을 거라고 생각만 하고 있었다. 점차 마음이 서로 통할 때쯤 자전거 통합 기행 일정이 다가오고 있었다.
그 아이는 자전거를 타지 못했다. 나는 자전거를 못 타는 몇몇 아이들의 연습에 도움을 주었지만 그 아이는 보이지 않았다. 그런 중에 자전거 기행은 어김없이 다가오고 있었다. 자전거 기행을 총괄 담당하는 1학년 부장 선생님이 그 아이가 연습을 많이 하지는 못했지만 기행은 갈 수 있을 것 같다고 했다. 혼자서 출발하기는 힘들지만 일단 출발하면 잘 타고 간다고.

사실 자전거 통합 기행을 앞두고는 만감이 교차한다. 이것은 벌써 6년째 하고 있는 현천의 학년별 통합 기행 중 하나지만, 끝나는 날까지 긴장의 끈을 놓을 수 없기에 매해 평가회마다 토론 대상이 되기도 한다. "위험이 큰 자전거 기행을 하는 것이 맞냐?", "크고 작은 사고가 생기는 자전거 기행은 얻는 것에 비해 너무 힘든 게 사실 아니냐?"는 우려 섞인 목소리가 나온다. 그럼에도 불구하고 지금 당장 눈에 보이지 않지만 아이들 가슴마다 큰 무엇을 얻기도 할 것이고, 수업 시간에 보여 주는 아이들의 모습과 고통을 함께 나누는 기행 현장에서 보여 주는 아이들의 모습이 또 다름을 알게 되고, 그 현장에서 선생님들이 아이들을 바라보는 시각이 변화할 것을 알기에, 또 다시 자전거 통합 기행은 이어지고 '두려움은 배움과 함께 춤출 수 없다'라는 믿음을 우리에게 주고 있다. 그래서 다소 무리가 있어도 서로가 힘이 되어 줄 것이라는 믿음으로 출발했다. '사랑'은 두렵지만 함께하는 힘을 알게 될 것이었다.

현천에 있는 6년 동안 나는 자전거 기행에 동행했다. 어김없이 올해도 자전거를 타고 아이들과 호흡을 함께했다. 아이들 속에서 온갖 짜증과 욕을 먹어 가면서도 끝나는 순간의 희열과 마침내 해냈다는 성취감은 모든 것을 해소하고도 남았고, 기행 도중 아이들이 서로에게 격려와 힘이 되어 주는 한 장의 사진은 '두려움이 배움으로 변하는 것'을 직접 확인할 수 있는 값진 경험으로 남았다. 그런데 올해는 무수히 난무하는 욕설과 짜증보다 묵묵히 견디는 아이들이 더 많았고, 거기에 그 아이도 끼어 있었다. 전체를 통솔하는 선생님, 앞에서 리드하는 선생님, 반마다 자기의 반을 끌어가는 선생님, 자전거를 못 타지만 기행을 가려는 아이를 위해 2인용 자전거를 운전하는 선생님, 교통안전을 담당하고 짐을 가득 실은 자동차를 운전하는 선생님 등 각자의 몫을 해내는 선생님들 틈에서 수업시간에 보이지 않던 마음 따뜻한 모습을 보이는 아이들이 있어서 선생님들은 힘이 나기도 한다.
내가 맡은 반에서도 리더가 되어 주는 친구가 있어서 나는 조금 뒤처진 아이들에게 신경을 쓸 수 있었다. 그래서 그 아이에게 다가갈 수 있었다. 뒤처지는 아이들은 다른 아이들에게 폐를 주지 않으려는 마음이 컸다. 중간에 끼어 천천히 가거나 못 따라가면 뒤따라오는 친구들에게 미안해 아예 뒤로 빠져서 가기를 원했다. 그래서 나 역시 언제나 뒤편에 있었고, 그 아이도 그곳에 있었다.

첫 출발이 힘든 그 아이를 위해서 친구들은 기다려 주었고, 옆에서 잡아 주기도 했다. 그러면서 한 발씩 페달을 밟으며 나아갔다. 첫날은 대부분 가파른 길을 내려오거나 올라가는 길이 많아서 자전거를 타는 것보다 자전거를 끌고 걸어가는 시간이 꽤나 길었다. 그 걸어가는 시간은 때론 대화의 시간이 되었다. 서로에게 힘이 되어 주는 시간이다. 그러면서 더 친하게 다가갈 수도 있다. "너 지금 힘들지 않니?" "이렇게 힘들 때 짜증나지 않니?" 내가 물으면 그 아이는 대부분 단답형으로 답했다. 그런데 한번은 "저도 욕해요"라는 대답이 돌아왔다. 욕하는 소리를 못 들었다고 하니 "어떻게 선생님 앞에서 욕을 해요. 마음속으로 욕해요" 하며 눈웃음을 짓는다. "그렇구나. 너도 짜증나고 힘들 때 욕을 하고 싶지? 속으로 하지 말고 차라리 큰소리로 해. 그래야 힘이 나는 거야"라며 나는 그 아이에게 욕을 하라고 부추겼다. 그리고 드디어 셋째 날, 욕 고개(?)에서 나는 그 아이가 소리 내어 욕했다는 말을 듣게 되었다. 그렇게 '사랑'을 확인하게 되었다.

자전거 기행 3일 동안 그 아이와 함께하는 시간이 좋았다. 나는 앞장서기보다는 적당히 뒤에서 따라가며 주저리주저리 떠들어 댔다. "잘하고 있어. 평지에서는 기어를 한 숫자만 올려 줘. 이제 오르막길이야. 그러면 기어를 엄지로 내려 줘. 그래 잘했어. 힘들면 내려서 걸어가도 돼. 좋아, 잘하고 있어. 앞에 오는 차는 신경 쓰지 말고. 뒤에 차 온다. 자기 갈 길만 가면 돼. 오케이, 잘하고 있어." 그러다 보니 어느새 마지막 날이 되었다. 그 마지막 날, 욕 고개를 지나 점심 장소로 가는 도중에 나타난 언덕을 앞두고 힘이 빠졌는지 아이는 내게 뒤에 따라오는 차를 타고 가면 안 되냐고 물었다. 주위에 아무도 없는 것을 그 아이도 알았나 보다. 그러면 너는 차를 타고 저기까지 가고 내가 자전거를 끌고 가겠다고 했더니, 선생님이 같이 타고 가지 않으면 안 가겠다고 한다. 코끝이 찡했다. 차에는 자전거를 실을 수 없고 그렇게 멀지 않으니 너만 타고 가도 된다고, 보는 아이들도 없으니 걱정 말고 가서 기다리라고 했다. 망설이던 그 아이는 차를 운전하는 선생님에게 가서 얘기했고 그 선생님은 멀지 않은 고개에 아이를 데려다 주고 차를 돌려 다시 오는데, 고개에서 기다릴 것으로 생각한 아이가 자전거를 끌고 오는 내게 먼저 다가가는 모습을 보고 순간 눈물이 났다고 후일담을 전해주었다. 그냥 서서 기다리지 않고 나에게 다가가는 찐한 마음을 그 선생님은 보았고, 나는 그냥 거기 있으라고 소리쳤다. 이렇게 '사랑'은 다가오고 있었다.

자전거 기행의 2박 3일은 그렇게 지나고 다시 전과 같은 학교생활은 계속되었다. 그러던 금요일 오전, 학교 쓰레기장에서 재활용과 일반 쓰레기를 분리하고 종량제 봉투와 재활용 포대를 리어카에 담고 있는데 누군가 나를 부르는 소리가 들렸다. 2층 테라스에서 그 아이가 나를 큰소리로 부르고 있었다. 다른 친구와 함께. 빨리 올라오라고 했다. 대충 정리를 끝내고 1학년 교무실로 가는 나에게 아이는 손수 꾸민 작은 노란 들국화 꽃다발을 건넸다. 자기가 만들었다고, 샘에게 주려고 '노작과 자연' 시간에 가을 들꽃으로 꽃다발을 만들었다면서. 들국화의 향기보다 더 진한 그 아이의 마음의 향기를 맡았다. 내 책상이 향기로 가득했다. 교무실 전체가 가을이 되었고, 그 향기로 넘쳐났다. 이제 '사랑'은 내 마음에 들어왔다.

이제 마지막 도전, 겨울 산행이 남았다. 그 아이와 함께 겨울 산행까지 끝낼 수 있을지는 아직 모르겠다. 성공이냐 실패냐가 중요한 것이 아니다. 도전할 수만 있어도 나는 좋겠다. 나는 그때와 마찬가지로 뒤에서 떠들고 있을 테니까. '사랑'은 언제나 함께하는 것이니까. 내 마음에 들어와 언제나 함께하는 그 아이, 바로 '사랑●'이다.

나의 마음

지난 가을, 1학년 여학생 둘과 함께 학교 뒤쪽을 산책했다. 언제나 현천의 산책 코스는 정해져 있다. 다만, 계절과 함께하는 사람이 다를 뿐. 아무튼 그날은 시간 여유를 충분히 만끽하면서 계절의 촉감을 온몸으로 받아들이는, 그야말로 마음의 평화와 힐링을 즐기는 기분이었다. 현천의 아이들은 학교 내에서도 나름 자유를 느끼지만 울타리 하나만으로도 답답함을 토로하는 경우가 많다. 학교 밖은 또 다른 자유다. 사실 선생인 나도 울타리 밖에서는 아이들과 노는 그저 친구가 되기도 한다. 나 혼자의 생각일 수 있지만. 아무튼 벗어났다는 마음에 아이들 못지않게 편하고 들떠 있기도 하

● 그 학생의 이름이 '사랑'이다.

다. 어쩌면 울타리 안은 계절 감각도 잊고 사는 공간이라면, 그 울타리를 벗어난 순간 새로운 세상이 보이는 경험을 하게 된다. 그래서 아이들은 학교 밖을 더 좋아하나 보다. 말하자면 학교가 제공하는 수돗물이 최고일 것 같지만, 사실 학교 밖에는 수질이 조금 낮더라도 수돗물뿐만 아니라 다양한 샘물이 있어서 아이들에게 여러 상황으로 성장할 수 있는 자양수 역할을 하는 것이 분명하다. 울타리와 울타리의 경계를 허물어야 하는 이유다.

아무튼, 가을의 정취를 만끽하면서 걷다가 노란 은행나무 가로수가 시작되는 곳, 그 큰길 아스팔트에 털썩 주저앉아 이런 얘기 저런 얘기로 웃음꽃을 피우고 있는데, 한 아이의 얘기가 코끝을 찡하게 했다. "나는 중학교 때만 생각하면 너무 좋아. 보고 싶어. 선생님들, 후배들 생각만 해도 눈물이 나와. 코로나 때문에 학교도 못 가 보고 정말 속상해"라면서 눈가가 촉촉히 젖어 가는 것을 보면서 이 아이는 정말 모교를, 그곳의 모든 것을 사랑하고 있음을 알았다. 맞은편의 친구 역시 그리운 표정으로 얕은 한숨을 쉬면서 "정말 그때로 돌아가고 싶다"고 맞장구를 쳤다. 서로 울다가 웃는 얼굴을 보며 자기들끼리 깔깔대는 모습이 아직도 어린 중학생 같기도 하면서, 또 '졸업한 학교를 그리워하는 아이들이 요즘도 있구나'라고 생각했다. 사실 이 아이들은 공립 대안 중학교, 가정중을 1기로 졸업한 현천의 6기들이다. 이 아이들의 기특함과 함께 그곳에 있는 선생님들의 노고에 존경을 보내게 된다. 3년 동안을 가족처럼 지냈을 그곳은 현천이기도 하다. 사실 현천의 아이들도 졸업하면서 많이, 자주 학교를 찾아오곤 했다. 졸업했는지 아직 학교를 다니는지 알 수 없을 만큼. 대학에 진학한 아이든, 자신의 길을 당당히 가는 아이든, 아직 길을 찾고 있는 아이든, 누구나 다 졸업을 실감하기보다는 떠나고 보니 더 그리워서 찾아오곤 했다. 사실 누구보다 반갑고 고맙고 보고 싶었는데…….

노란 은행잎이 가을바람에 흩날리는 차가운 아스팔트 위에서 우리는 각자가 그리운 날을, 보고픈 사람을 파란 하늘에 그리고 있었다. 그때 나는 아이들에게 얘기했다. "나는 졸업한 아이들이 오면 싫었어. '왜 왔냐?' '졸업하면 그만이지 또 오냐?' '학교 다닐 때보다 더 자주 보는 것 같네?' '얘들아, 이제 그만 와라' 하면서 괜히 투덜대고 짐짓 큰소리치며 외면하기도 했어." 그랬더니 아이들은 전혀 그렇지 않을 것 같은데 왜 그러셨냐고 하면서 나에게 따지듯이 물었다. 졸업하고 나니 더 그리워져서 찾아왔을 텐데 하고 눈을 흘긴다. "맞아. 그래서 찾아왔을 거야. 그런데 나는 졸업한 아이들이 찾아오면 괜히 싫더라. 왜냐하면 자신의 길을 가고 있지 않은 것 같아서. 졸업했으니 현천의 품을 떠나서, 선생님들의 손에서 벗어나서, 자신들의 걸음으로, 자신들의 날개로, 세상을 향해서 당당히 가고 있기를 바라는 마음인데, 자주 보고 싶다고, 다시 학교 다니고 싶다고, 선생님들의 잔소리가 그립다고 하는 소리가 고맙기보다는 아직도 걸음마를 배우는 어린아이처럼 보여서 속상했거든." 그래서 졸업 후에 오는 아이들을 살갑게 맞아 주기가 어려웠다고 했다. 하지만 현천의 아이들은 내 마음을 잘 알고 있다. 3년을 함께한 아이들은 이미 내 마음속에 들어와 있다. 나를 나보다 더 잘 안다. 그것을 알고 있음에도 나는 여전히 투덜댄다. 투덜대야 할 것 같다. 그래야 품에서 벗어나 넓은 세상으로 날개를 펼칠 테니까. 그래서 투덜댄다. 그러면서 또 혼자 감상에 빠진다. 미안하다고, 나도 많이 보고 싶었다고. 현천 아이들은 안다. 나도 안다.

정말 보고 싶었을 때
진정 그리웠을 때
사무치게 그저 만나고 싶었을 때
막상 그 사람이
내 앞에 있을 때

그냥 어제 헤어진 것처럼 무심하게
또, 괜한 투정을 한다
짐짓 눈 흘김을 한다
그저 무덤덤하게 얘기한다
왜 왔냐고
어떻게 왔냐고

그냥 내 마음을 표현하면 될 텐데
보고 싶었다고
그리워했다고

만나고 싶었다고
왜 이제 왔냐고

보고픈
그리운
내 맘 들킬까 두려워
괜한 투정을 한 내가 오히려 부끄러워진다
뭐가 그리 두려웠는지
그냥 환하게 웃으며 두 팔 벌려 반겨 줄 걸
그러면 될 것인데
그러면 좋았을 터인데
사랑한다
진정으로
보고 싶다 나의 아이들

외로움이란

온종일 학교와 아이들 생각을 하다 보면, 보고 있던 드라마와 영화의 대사도 교과서가 되고, 읽고 있던 소설이나 수필의 좋은 글귀도 아이들에게 들려주는 얘깃거리가 된다.
드라마 〈미생〉에 나온 '대책 없는 희망, 무책임한 위로'라는 말에, 어쩌면 현천에서 내가 하고 있는 말들을 아이들은 이렇게 받아들이지 않을까 하는 염려가 생기기도 한다. 그 순간 소름이 돋는다. 만화 『까대기』에서 '모두들 몸도 마음도 파손 주의입니다'라는 글귀를 읽으면서, 요즘 우리가 겪고 있는 시대에 딱 맞는 말이라고 느끼며, 까대기로 인한 택배 노동자들의 삶도 엿볼 수 있다. 베르나르 베르베르의 『잠』에서는 밖이 안으로, 안이 밖으로 통하는 클라인 병을 소개하면서 '클라인 병이 우리에게 가르쳐 주는 최고의 역설은 바로 바깥이 안으로 통한다는 것이다.(중략) 삶의 완숙기에 젊음의 문이 있다'는 글귀를 읽는 순간 이것은 나를 위한 글인가 하고 몇 번을 되새김하곤 했다. 사실 현천을 졸업하는 아이들에게 들려주고 싶은 말이기도 하다. 졸업은 끝이 아니라 새로운 시작인 것처럼, 매 순간 삶의 끝은 또 다른 시작임을 우리는 알면서도 마치 세상이 끝날 것처럼 살아간다.
때때로 현천의 아이들에게는 나의 얘기보다 이렇게 드라마 대사나 책의 문장으로 얘기해 주는 것이 더 위력을 발휘한다. 내가 하는 얘기는 꼰대가 하는 것으로 생각하니까. 이것 또한 나의 생각일지 모르지만. 그래도 현천을 생각하면 끊임없이 생활 속에서 아이들에게 해 주고 싶은 말이 나온다. 이 아이에게는 이런 얘기로, 저 아이에게는 저런 얘기로 시작하는 것. 그래서 현천은 끝이면서 시작이 되는 것 같다.

조유미 작가의 책 『나는 나로 살기로 했다』에 있는 글이다. '약속 시간에 늦은 그에게 필요한 것은 변명이 아닌 사과이고, 짝사랑 중인 그녀에게 필요한 것은 타로 상담이 아닌 용기이며, 외로운 그에게 필요한 것은 고독을 견디는 힘이 아닌 진실한 누군가이다.' 이 글을 읽으면서 전에 쓴 글이 생각났다.

외로움이란
누군가 옆에 있어도 혼자라고 느낄 때
슬픔이란
그 외로움을 알아챈 순간
허탈함이란
그 순간을 알면서도 혼자일 수밖에 없을 때

더한 외로움은
혼술 하면서도 누구 하나 부를 수 없을 때
더한 슬픔은
그 누구도 부르지 못한 순간 눈물도 메마를 때

그 술에 취한 나를 바라보며
진한 허탈감에
나는 그저 더 취하고 있다
_2018년 1월 현천고 관사에서

이 글을 쓴 2018년은 현천이 4살 되는 해였다. 전보 특례의 마지막 해를 맞으면서 많은 감회와 함께 계속 현천에 남아야 할지를 고민하면서 상념에 빠졌던 시기기도 했다. 그래서 가끔씩 저녁 10시에 퇴근하고 혼자 술을 마셨다. 혼자 마시다 보면 생각이 깊어지고, 그 순간에 누군가와 대화를 하고 싶기도 하고(술주정이겠지만), 그래서 휴대폰에 저장된 번호를 처음부터 끝까지 훑으면서 늦은 시각에 전화를 받아 줄 친구와 선후배들을 찾아본다. 그런데 그날은 술이 덜 취했나 보다. 감히 전화를 하지도 못하면서 이런 글을 쓴 걸 보면.

현천 선생님들은 때때로 나처럼 외로움을 견디고 있을 것이라고 생각한다. '외로운 그에게 필요한 것은 고독을 견디는 힘이 아닌 진실한 누군가이다'라는 말은 현천의 아이들이 아닌 우리 선생님들에게 꼭 해 주고 싶은 이야기다. 지금 생각하면 그때 나는 나 살기도 바쁘면서 누군가를 절실하게 갈구하고 있었다. 현천의 선생님들에게 내가 바로 '진실한 누군가가' 되어야 했음에도, 나는 또 다른 누군가를 찾아 헤매고 있었던 것이다.

외로운 현천 선생님들에게, 현천 선생님들 모두가 '진실한 누군가' 이길 바란다. 그랬으면 좋겠다. 그냥 그렇다고.

너희들도 졸업해라

욕심을
열정이라 하지 말자
'내가 옳다'고 하지 말자
'나만 할 수 있다'고는 말하지 말자
'내가 아니면 안 된다'고도 하지 말자

그러나
내가 가는 길이 옳은 길이고
내가 해야 하는 일이라면
내가 먼저 '하겠다'라고 하자

마음 내려놓고
2015로 다시 가지만
2015처럼 하지 말자

아이들을 믿고
기다리고
기다리자

현천에서 두 번째 담임을 맡았던 아이들이 졸업했다. 현천의 4기 아이들. 나는 그때도 1학년 담임이었다. 현천에서의 첫해 담임은 열정으로 가득했다고 믿었다. 그래야 한다고 스스로 세뇌했을 수도 있다. 그래서 더욱 놓지를 못했다. 아이들의 모든 것이 나의 것이어야 했다. 기쁨도 행복도 슬픔도 아픔도 당연히. 그래서 많이 힘들었다. 많이 울었다. 그래야 했다. 현천이 살아야 하니까. 내가 아프더라도. 마음 가는 만큼, 아니 그 이상 아이들은 변화와 성장을 했고 충분히 잘 살아 줬다. 그리고 잘 살고 있다고 믿는다.
그런데 다시 담임을 하면서는 '그것이 열정이 맞나?' 하는 생각이 머리 한구석을 차지하고 있었다. 욕심을 열정으로 착각하고 아이들에게 시시콜콜 간섭하고, 이것저것 모두를 알아야 했고 아는 만큼 잔소리했다. 스스로 힘듦의 구렁 속으로 들어가 놓고 아이들 때문이라고 핑계를 대지는 않았나 하는 자괴감이 들었다. 그랬을 것이다. 그래서 이번에는 그때로 돌아가지 않으려고 했다. 아이들이 바뀌는 것은 오히려 쉬웠다. 나는 아직도 여전히 생각뿐이다.

2018년 12월 3일(월) 12시 25분. 주 열기 시간이었다. 2년 후 졸업할 때 자신에게 할 말을 엽서에 담아 보관한 후 2020년 12월 첫째 주 월요일에 개봉하기로 했다. 약속한 날이 되었다. 나는 꼬박 2년 동안 밀봉했던 엽서 꾸러미를 졸업을 앞둔 아이들에게 나눠 줬다. 내가 쓴 글도 2년 만에 보았다. 그 엽서에는 반가운 아이들의 이름이 담겨 있었다. 15명의 아이들. 그중 한 아이는 자퇴를 했고, 한 아이가 전학을 왔다. 잊었던 아이들의 이름, 졸업하는 아이들과 그렇지 못한 아이들. 2학년으로 진급한 아이들 중에서 11명은 졸업하고, 4명은 그곳에 없었다. 졸업한 아이들의 애씀이 눈에 밟히면서도, 졸업하지 못한, 아니 이미 현천을 떠난 아이들의 이름이 새삼 가슴에 박힌다. Y, S, P 그리고 L.
그들은 어디에서 무엇을 하고 있을까? 자의든 타의든 자신만의 길을 선택했고, 그만큼 잘 지내고 있어야 하는데……. 분명 학교가 모든 것을 해결해 줄 수는 없으며 또한 현천이 아이들 인생의 정답은 아니지만, 나와 함께했던 아이들이었다. 수업 시간, 통합 기행 그리고 기숙사 생활 등 울고 웃으며 1학년을 함께 보냈고, 2학년이 되어서는 더 성숙하고 성장하고 변화할 거라는 기대감으로 힘든 시간을 견뎠고 나 또한 기다렸는데……. 그때 더 잘해 줬어야 했다는 후회가 이렇게 아프게 다가온다. 아이들의 이름만으로도.

이 아이들의 1학년 생활에 관해 자세히 쓸 수는 없지만, 참 많은 사연과 사건으로 인해 자신들은 물론이고 주변의 가족과 친구 그리고 선생님들도 무던히 애를 썼다. 아무리 애써도 그 인연은 길게 가지 못했다. 어쩌면 이들도 어느 시점에서는 돌아볼 때가 있을까. 그때의 마음은 누구도 알 수 없으니 뭐라 말할 수 없지만, 아쉬움은 마치 내 몫인 듯 답답함이 가득하다. 아이들이 문득 과거를 돌아보는 그날, 스스로 잘 살아왔다고 생각하면 과거가 추억이 되겠지만 혹시라도 잘못된 삶을 살고 있다고 여긴다면 과거의 한 페이지를 장식한 현천의 1년과 선생인 나는 어떤 평가를 받을까? 평가의 두려움보다 아이의 잘못된 삶이 오히려 걱정이다. 정말 잘 살아 주길 간절히 바랄 뿐이다. "나 이렇게 잘 살아요. 현천에서 나왔어도 이렇게 당당히"라고 큰소리치며 차라리 나를 비웃더라도.

누가 이 아이들을 학교 밖으로 나가게 했을까? 누가 이 아이들에게 뭐라 할 수 있을까? 알고 보면 모두 어른의 잘못인데. 현천에 와서 분명히 느낀 것은 '문제아를 만드는 것은 문제 어른이다'는 점이다. 책임지지 못하는 행동, 결혼-양육-교육이라는 기본 과정 모두가 실패의 길로 가는 문제 가정 속에서 어떻게 바르게 성장하기만을 바라겠는가? 그 안에서 버텨 온 아이들의 삶도 쉽지 않았을 것이다. 그렇다고 그 아이들을 두둔하고 싶지는 않지만, 기본적인 바탕이 무너진 곳에서 자라는 아이들의 마음을 우리는 알아야 한다. 네 아이 모두 한 명 한 명의 배경을 보면 받아들일 수밖에 없는 진실이다. 선생으로서, 어른으로서 안타깝고 부끄럽다.

이제 너희들도 성인이 되었구나. 이제는 누군가를 속일 일 없이, 일탈이 아닌 당연한 권리인 것처럼 행동하겠구나. 그런데 이제 더 큰 무게로 다가오는 무엇인가에 더 힘들어할 수도 있겠구나. 그것을 아는 순간에 너 자신을 돌아보는 시간이 올 수도 있겠구나. 후회 없는 삶이 어디 있을까 싶지만 그래도 제발 너희들은 자신의 선택이 옳았다고 당당하게 얘기할 수 있으면 좋겠구나. 그래야 나도 너희들을 지울 수 있을 것 같구나. 부디 그런 날이 오기를 간절히 바란다.

이제 너희들도 내 맘에서 졸업해라. 그리고 잘 살아라. 그래서 외쳐라. "나의 선택이 옳았다!"고.

쓰담쓰담, 현천을 쓰고
아이들을 담다

함께 흔들려 주는, 현천!

박경화

어쩌다 현천고를 만나고, 팔자에 없는 교장이 되어 학교를 안 말아 먹기 위해 여기저기 치이면서도 고군분투하는 중. 그래도 여전히 현천의 선생님들과 아이들이 좋은 선생

네
잘못이 아니야

어제 한 아이가 학교를 방문했다. 부모가 아닌, 그 아이를 자기만의 공간에서 빼내 주고 싶어 하는 시민 단체 대표와 함께였다. 그 아이는 중2 때 따돌림 등으로 학교를 그만둔 후, 무려 2년 반 동안 혼자만의 세계에 갇혀 지냈다. 스스로의 선택이라고 하기에는 그 아이를 둘러싼 심적인 공포가, 자기 주변에는 아무도 자기에게 손을 내밀어 주지 않을 것 같다는 외로움이 훨씬 컸으리라. 학교에서 상처받은 아이를 학교가 보듬어 주지 못하고 결국 주변의 한 어른의 도움으로 세상에 발을 딛게 된 아이!

학교에 온 아이에게 첫 질문을 했다. 예전에 다녔던 중학교랑 우리 학교랑 뭐가 다르냐고. 우리 학교가 예전 학교보다 크단다. 그런데 실은 그 아이가 다니던 학교는 우리 학교보다 학생 수도 많고 학교 건물도 비교가 안 될 만큼 크다. 순간, 이해가 되지 않았다. 왜 이 아이는 우리 학교가 더 크다고 느꼈을까? 그래, 아이에게 학교는 2년 반 전에 다녔던 중2 때의 학교가 전부였다. 아마도 그 학교의 아이들이, 그 학교의 선생님들이 그 아이를 품어 내지 못할 정도로 작았던 건 아닐까?

동행한 시민 단체 대표로부터 사전에 들은 아이의 상황에 대해 위로랍시고 한마디 건넸다. 괜찮아. 네 잘못이 아니야. 너를 따돌림한 다른 아이들 잘못이고, 너를 외롭고 힘들게 2년 반 동안 방치한 우리들의 잘못이라고. 너는 당당해야 한다고.
아이가 눈물을 보인다. 애써 눈물을 삼키려는 아이의 모습이 더 안쓰럽다. 맘껏 울라고 하는 소리를 "콧물 먹지 말고 풀어내라"며 객쩍은 말을 하는 내내 그 아이는 계속 눈물을 흘리고 삼켰다. 나중에 동행한 대표가 그런 얘기를 전한다. 그 단체의 많은 사람이 "괜찮아. 네 잘못이 아니야"라고 해도 아이는 울지 않았단다. 결국 그 아이는 자기에게 상처를 줬던, 위로가 되지 못했던 그런 선생님들과 같은 일을 하는 또 다른 선생님들의 위로가 필요하지 않았을까?

시민 단체 대표가 사전에 전화로 들려준 아이의 상황은 매우 심각했다. 여학생임에도 불구하고 머리를 반삭하고 일곱 군데나 피어싱을 했단다. 아마도 자신이 따돌림 당한 원인을 자신의 약한 모습 때문일 거라고 생각해, 스스로를 보호하려는 강한 몸짓으로 반삭을 하고 피어싱을 했으리라. 스스로 미용실을 찾아 반삭을 하는 자신의 모습을 보고 그 아이는 어땠을까? 예뻐지기 위해서가 아니라 강한 모습으로 비춰지기 위해서 피어싱을 하는 자신의 모습은 어땠을까? 아마 거기에 머물지 않고, 문신을 하고 그마저도 강하게 보이지 않는다면 자해를 통해 스스로를 학대하는 데까지 나가지 않았을까 하는 생각은 나만의 기우이길 바란다.
그런데 어제 방문한 그 아이는 반삭이 아니었다. 긴 생머리를 한 상태였다. 나중에서야 알았다. 학교에 방문하기 전날, 가발을 사서 쓰고 왔다고. 그래야 모범생으로 보이지 않을까 하는 생각이었단다.

그래! 그 아이는 늘 모범적이었고, 또 모범적으로 보이길 원하고 있었다. 그런데 누군가 그 아이에게 따돌림의 책임을 물었고, 그 아이는 그 책임을 스스로에게 돌렸고, 그래서 스스로 강해지기 위해, 아니 강하게 보이기 위해 그런 몸짓을 했으리라.

아이는 우리 학교 꼭 오고 싶다고 했다. 그 대표도 우리 학교가 아이에게 기회를 주었으면 했다. 아이에게 말했다. 우리 학교에 오든 못 오든 이제 혼자만의 세계에 머물러 있지 말라고. 네 잘못이 아니니 나쁜 놈들에게 욕 한마디하고 훌훌 털어 버리라고. 네 주변에는 대표님처럼 너를 도와주려는 좋은 사람들도 많다고.
그 대표는 마침 신입생 원서 접수 마감일에 아이를 입학시키고 싶다고 연락을 해 왔다. 다행히 추가 모집을 할 거라는 얘기에 너무나 감사해했고, 아이는 추가 모집이라는 마지막 기회라도 잡고자 엄청난 용기를 내어 부리나케 자기 소개서 먼저 작성해서 온 것이다. 자기 소개서에 자기의 아픔을 애써 담담히 써내려 갔던 아이. 나 역시 그 아이에게 추가 모집의 기회를 줄 수 있음에 감사했다. 그 아이가 세상으로 나올 때 그래도 따스한 햇살 한 줌 줄 수 있는 학교에서 생활하고 있음에, 다시는 그 아이를 혼자 두지 않게 그 아이의 손을 잡아 줄 수 있음에 감사했다.
마지막으로 아이에게 물었다. 우리 학교가 안 되면 어떻게 할 거냐고. 일반 학교에 진학할 생각은 없냐고. 단호히 말한다. 일반 학교는 안 가겠다고. 내년에 다시 준비해서 우리 학교에 원서를 내겠다고. 그래, 그 아이가 그렇게라도 세상의 끈을 놓지 않았으면 좋겠다. 이제 그만 스스로의 세계에서 벗어났으면 좋겠다.
나는, 우리는, 우리 학교는, 그 아이의 손을 끝까지 놓지 않으리라. 스스로 알을 깨고 나와 세상에 맞서 당당해질 때까지!

내가 널 못 본 게 아니라, 안 본 걸 수도

1학년 때부터 무던히도 선생님들의 말을 듣지 않은 아이가 있었다. 흡연과 음주로 기숙사에서 퇴사 조치를 당해 집에서 등하교했고, 잘못을 저질렀을 때 금요일 오후에 남아서 해야 하는 책임 수행도 하지 않았고, 학교를 수시로 빠졌으며, 그나마 학교에 있을 때도 수업에 들어가지 않는 게 일상이었으며, 수업 일수를 계산하면서 느지막이 등교해 최소 수업 일수에 맞춰 겨우 진급하기도 했다. 거기에 학교 폭력 등 각종 사건과 사안을 일으키기도 하였다. 물론 그 덕분에 그 아이의 부모님은 수시로 학교를 다녀가셔야 했다. 현천에서조차 그 아이를 긍정적으로 평가하는 사람이 한 명도 없다고 할 정도로 상황은 점점 악화되어 갔다.
그럼에도 불구하고 졸업만이라도 했으면 하는 부모님의 간절한 바람과, 언젠가는 변할 거라는 선생님들의 기다림으로 그 아이는 3학년까지 진급했다. 하지만 주위의 바람이 무색하게 3학년이 되어서도 아이의 생활에는 변화가 없었다. 결국 3학년 초 아이는 폭력 사안을 일으켰고, 그 일로 인해 교육지원청의 학교폭력대책자치위원회에서 출석 정지라는 징계를 받게 되었다.
그와는 별개로 학교에서는 그 아이와 학부모를 불러서 교장실에서 면담했다. 3학년부장과 담임, 행복문화부장(학생부장)과 함께 만난 자리에서 아이의 부모님은 새롭게 알게 된 사안에 분노하셨고, 이제 더 이상 어떻게 할 수가 없으니 차라리 자퇴를 시켜 달라고 요청하셨다. 그러나 눈물 흘리며 말씀하시는 그 요구가 어찌 진심이겠는가. 그동안의 노력이 헛되었음을 깨닫고 자퇴라는 이름으로 그 친구에게 원망을 퍼부은 것일 게다.
부모님의 눈물을 위로하며 아이에게 묻는다. 너는 어떻게 하고 싶냐고. 부모님의 눈물을 봐선지 웬일로 학교 잘 다녀서 졸업하고 싶단다. 그렇게 자퇴를 부르짖고 다니던 아이가 말이다. 선생님들께서 몇 가지 당부 말씀을 전하며 자리는 끝이 났다.

학교폭력대책자치위원회의 출석 정지 징계 처분을 끝내고 학교에 복귀하던 날 저녁에 3학년 학년부 선생님들을 중심으로 정담회가 열렸다. 그 자리에 함께하면서 아이의 말을 많이 들었다. 자신은 학교에 와서도 어울릴 친구들이 없어서 학교에 오기 싫었고, 그러다 보니 밖에서 다른 일을 찾게 되었단다. 지금은 오토바이로 배달 일을 하고 있고, 그 일로 성공하고 싶단다.
왜 친구들이 자신을 멀리하게 되었을까 하는 물음에는 자신의 잘못이 많아서 그렇다는 말과 함께 부모님의 바람대로 학교를 잘 다니고 졸업하고 싶다고도 했다. 여러 선생님들의 걱정 어린 말씀과 지지와 격려 속에 2시간의 정담회는 끝이 났다. 정담회를 마치면서 스스로 결심했다. 이제 그 아이의 잘못된 점만 지적하지 말고 일부러라도 좋은 점을 찾아서 칭찬도 많이 해 주어야겠다고. 어차피 똑같은 지적에도 그 아이는 쉽게 바뀌지 않았으니 이제부터라도 다른 방법을 찾아보는 수밖에 없지 않을까 하는 생각에.

그러나 그 생각은 얼마 가지 않아 깨진다. 두세 번 불러서 요즘 생활을 묻고 지지와 격려를 아끼지 않았음에도 그 아이의 생활은 쉽게 변하지 않았고, 점차 학교에 오지 않는 날이 늘어 갔다. 어느새 내 마음도 '그러면 그렇지'라며 원점으로 되돌아가고 있었다.

코로나로 인해 원격 수업이 이루어지던 나날 속에, 원격 수업을 듣지 않아 무단 결과가 많은 아이들이 선도위원회 조치를 받게 되었다. 대부분 아이들은 무단 결과나 무단결석 일수에 따라 교내 봉사활동이나 책임 수행, 또는 1일부터 3일까지의 출석 정지 조치를 받게 되었지만 그 아이는 교사 회의에서 최종 결정을 내린다는 조치가 취해졌다.

월요일 교사 회의 시간에 마지막 안건으로 그 사안이 올라왔다. 행복문화부장이 우리 학교 생활 규정에 교사 회의에서 2/3 찬성이 이루어지면 퇴학 조치를 할 수 있다고 설명했다. 헉! 이 자리가 퇴학 조치를 논하기 위한 자리였다니! 꽤 놀랐다. 오전의 교사 회의 시간이 부족해 일단 회의를 끝내고 오후에 다시 만나 논의하기로 했다.

교사 회의를 마치고 사무실에 앉아서 4년 전의 아픈 기억을 자연스럽게 떠올리게 되었다.

학교에 적응하지 못하는 아이들도 많이 오는 현천에서 '퇴학'이라는 단어는 일종의 금기어였다. 현천에서 퇴학이라는 단어가 처음 등장한 것은 개교하고 2년째 되던 해, 2016년이었다. 1기의 한 아이가 폭력 사안을 자주 일으켜서 교사 회의에서 퇴학 처분을 내려야 한다고 이야기하는 선생님들이 생겼다. '그 아이 때문에 다른 아이들이 피해를 입었으며, 그로 인해 학교를 떠나는 아이들이 있으니 당연히 가해자가 학교를 떠나는 게 맞다'는 선생님들과, '그런 아이들을 위해 만든 학교에서 내치면 어떡하냐. 좀 더 기다려 주자'는 입장의 선생님들이 치열하게 논쟁을 벌였다. 오랜 시간 심각하게 논의했지만 어떤 결정도 내리지 못하고 양쪽 의견만 더욱 첨예하게 대립했다. 결국 학교장의 의견을 듣고 싶다는 얘기에 논쟁을 지켜보며 결심한 바를 말씀드렸다.
"지금까지 학교장으로서 저는 교사 회의 결과를 무엇보다 소중하게 생각하고 그 결정에 따르는 것이 맞다고 생각했습니다. 그 생각은 지금도 변함이 없습니다. 그러나 지금 논쟁을 지켜보면서 처음으로 제 생각을 말씀드립니다. 양쪽 의견에 틀린 것은 없지만 최소한 우리 현천의 존재 이유를 볼 때, 그 아이들까지도 우리가 안고 가야 하지 않을까 하는 생각이 들었습니다. 처음 아이들을 내치는 것은 어렵지만 그 다음부터는 아마도 더 쉽게 아이들을 내치게 될 것입니다. 현천은, 아니 최소한 제가 학교장으로 있는 한 제 손으로 아이들을 내보내는 일은 없었으면 합니다."

결국 그 아이는 출석 정지 50일에 다른 위탁 기관을 이용하며 두 달 넘게 학교에 들어오지 못했다. 그러는 동안 퇴학에 관한 치열한 논쟁은 수면 아래로 가라앉았고, 아마도 그때부터 현천에서의 '기다림'은 더 큰 의미를 갖게 된 것 같다. 아이는 우여곡절 끝에 무사히 졸업하고 군대에 갔는데, 훈련소에서 기다려 줘서 고맙다는 장문의 편지를 보내 여러 선생님들을 울렸다. 그 편지를 받고 생각했다.

'이 아이를 내쳤으면 어땠을까?'

그 아이를 내치지 않고 안고 간 스스로의 결정에 안도의 한숨을 쉬었던 기억이 생생하다. 그로부터 4년이 지난 지금, 다시 현천에서 퇴학이라는 단어가 등장하면서 점점 혼란스러워졌다. 그것도 졸업을 3주 남겨 둔 이 시점에서.

드디어 학교장이 의장이 되어 진행하는 교사 회의가 다시 시작되었다.

4년 전에 계셨던 선생님들은 반 이상이 바뀌었지만 논리들은 4년 전이랑 바뀌지 않았다.

"그 친구로 인해 다른 친구들이 학교를 떠나게 되었습니다. 공동체의 회복을 위해서는 공동체에 피해를 주는 아이들을 내보내야 합니다."

"그런 아이에게 현천의 졸업장을 주어야 할까요? 그 아이를 내침으로서 다른 아이들에게 현천에서 제대로 생활하지 않으면 졸업하지 못한다는 단호한 메시지를 줄 수도 있습니다."

"어쩌면 그 아이를 내치는 것이 그 아이 인생에 새로운 깨달음을 줄 수도 있고요."

여러 이유로 아이를 내보내야 한다는 단호한 목소리가 나왔고, 그에 맞서 아이의 담임 선생님이 변호를 시작하신다.

"이 아이에게 퇴학이라는 조치를 내려야 하는 이유는 무엇인가요?"

행복문화부장이 답한다.

"무단 결과 및 교사 지시 불이행 그리고 책임 수행 미실시 등 어느 것 하나 제대로 이행한 적이 없지 않습니까."

담임 선생님이 다시 말씀하신다.

"아무리 그래도 이 시기에 아이를 내보내는 것은 옳지 않은 것 같습니다. 교사 지시 불이행은 여러 차례 선생님들의 지도를 무시한다고 판단해서 올렸지만 그 아이를 내치기 위해서 올린 건 결코 아니었습니다. 우리가 그 아이를 위해 최선을 다했는지 생각해 볼 일이에요."

다른 선생님이 그 말을 받는다.

"우리 모두는 그 아이를 위해 노력했고 최선을 다한 선생님도 많습니다. 하지만 아이는 조금도 바뀌지 않았어요. 이런 아이에게까지 현천의 졸업장을 주는 것은 맞지 않습니다."

또 다른 선생님이 대화에 가세하신다.

"1학년 때 저는 누구보다도 그 아이를 학교에서 내보내고 싶었습니다. 그러나 졸업을 앞둔 지금은 때가 아닌 것 같아요. 조금만 더 보듬고 있다가 졸업시키면 좋겠습니다."
몇몇 선생님들의 발언이 이어졌고 어떤 선생님은 눈물을 흘리기도 하셨다. 이렇게 교사 회의는 오랜 시간 찬반 의견으로 갈려서 대화가 오갔으나 합의를 이루지 못하고, 결국 전체 교사 투표를 진행하기로 결정하였다. 투표 전에 나는 부지런히 표 계산을 해 보았다. 우리 학교의 교원은 교장, 교감을 포함해 27명. 생활 규정에 따라 2/3가 넘으려면 18명이 넘어야 가결되어 퇴학 처분이 내려진다. 만약 퇴학 처분이 내려지면 학교장인 나는 생활 규정에 입각해 결정을 재심의해 달라고 요구해야 할지, 아니면 직접 참여한 교사 회의 결과를 수용해야 할지, 여러 생각이 들었다.
투표 결과가 나왔다. 사회를 본 나는 불가피하게 기권했다. 26명 교사 투표 결과는 13:13! 다행인지 불행인지 그 안건은 부결되어 선도위에서 다시 징계 조치를 해 줄 것이 권고되었고, 선도위에서는 9일 출석 정지라는 처분을 내렸다. 이제 그 아이에게 남은 시간은 하루도 없다. 졸업할 때까지 하루라도 결석을 하면 수업 일수 부족으로 졸업을 못 하게 된다. 최소한 그 부분은 그 아이가 책임져야 한다는 생각에는 모든 선생님들이 동의하셨다.

다음 날, 교장실에 몇몇 선생님들이 오셔서 그 회의에 관한 소회를 말씀하셨다. 퇴학에 찬성했든 반대했든 상관없이 대부분의 선생님이 말씀하셨던 것은 어떤 이유에서든 '안타깝다'는 점이었다. 그 안타까움은 여러 입장에서 충분히 공감이 되었다.

혹시 마음이 다쳤을까 걱정되던 한 선생님이 들어오셨다. 마음이 어떠시냐고 물었더니 나름 최선을 다했는데 우리가 그 아이에게 최선을 다하지 않은 것처럼 들려 화가 났다고 솔직하게 말씀하신다. 나는 위로의 말과 함께 어쩌면 그 선생님이 이미 다 알고 있는 말을 쓸데없이 길게 한 것 같다. 교사 회의에서 나왔던 그 아이를 내쳐야 한다는 의견에 반하는 이야기를 주로 하며, 그런 마음으로 아이들을 만나는 현천의 선생님이 되었으면 좋겠다고 했다.

"그 아이로 인해 다른 아이들이 학교를 떠났다는 얘기는 전형적으로 학생들을 내치는 논리로 비쳐지는 것 같아 안타깝습니다, 구체적으로 정말로 그 아이 때문에 학교를 그만둔 아이가 있었는지도 다시 생각해 볼 문제고요. 또 공동체의 회복을 위해 공동체에 피해를 주는 아이들은 내보내야 한다는 의견도 그렇습니다. 제가 생각하는 공동체의 회복은 피해자뿐만 아니라 가해자도 함께 회복시키는 것이에요. 가해자를 내치는 순간 진정한 공동체의 회복이라고 말하기 힘들지 않을까요?

'그런 아이들은 현천의 졸업장을 받을 자격이 없다, 그 아이를 내치면 현천의 다른 아이들에게 현천에서 제대로 생활하지 않으면 졸업하지 못한다는 단호한 메시지를 줄 수도 있다'는 의견은 아이들의 학교생활을 자극해 긍정적인 효과를 볼 수도 있겠지요. 하지만 과연 그런 단호한 메시지가 긍정적인 효과만 줄까요? 오히려 아이들을 스스로 포기하게 만들지는 않을까요? 그 아이를 내치는 것이 그 아이 인생에 새로운 깨달음을 줄 수도 있다는 얘기도 일면 수긍이 갑니다. 그러나 한편으로 생각해 보면 이렇게 어렵게 졸업한 아이가 철이 들어 뒤를 돌아볼 때, 참 형편없이 학교를 다녔는데도 끝까지 자신을 놓지 않은 현천에 대해, 현천의 선생님들에 대해 큰 믿음을 가질 수 있지 않을까요? 그래서 늦게나마 자신을 믿어 준 누군가의 믿음에 힘을 얻어 진실되게 살아가지 않을까요? 학교장인 나도 그 아이가 1학년 때부터 담임 선생님과 이야기를 나누며 그 아이는 현천에 맞지 않고 현천이 간절하지 않으니 퇴학시켜야 한다는 말을 수없이 했습니다. 그런데 막상 결정을 앞두니 여러 생각이 들었어요. 선생님이 담임으로서 최선을 다했다는 건 충분히 인정하고, 감사함을 느낍니다. 그런데 학교장으로서 저는 솔직히 그 아이에게 최선을 다하지 못한 것 같습니다. 지금 그 아이를 내보내면 최선을 다하지 못한 저는 많이 후회할 것 같아요."

현천의 아이들을, 현천의 교육을 새롭게 봤으면 하는 마음에 젊은 선생님에게 또 꼰대 같은 말만 늘어놓은 것 같지만, 그간 마음속에 담아 두었던 말을 어렵게 꺼낸 면도 있었다.

그 선생님이 가신 후 혼자서 한참을 생각했다. 그 아이가 현천을 졸업할 자격이 없다고 하는 기준에서 생각해 보았다. 정말로 그런 기준이라면 현천을 졸업하지 못할 더 많은 아이들이 있지 않을까? 그런데도 우리는 모든 아이들을 기다려 주고 졸업시켰는데 유독 그 아이에게는 왜 더 이상 기다려 주지 못하는 것일까? 혹시 괘씸죄가 아닐까? 나도 심정적으로는 그 아이가 너무 괘씸하다. 그러나 괘씸한 걸로 그 아이를 학교에서 내치는 것은 너무 가혹하지 않을까? 그 전에 이 아이보다 더한 아이들에게도 난 따뜻한 말과 미소로 대했는데, 이 아이에게는 변하지 않는다고 왜 잔소리만 했을까? 혹시 그 아이가 조금씩 변하고 있는 걸 못 본 건 아닐까? 아니, 조금씩 변하고 성장하는 걸 내가 안 본 것은 아닐까?
문득 이런 물음 뒤에 생각해 보니 그 아이도 조금은 변한 것 같았다. 1학년 때 틈만 나면 자퇴한다고, 부모가 자퇴시켜 주지 않아서 할 수 없이 다닌다고 학교를 자주 빠졌던 아이가, 2학년 때 선생님 말씀도 잘 듣지 않았던 그 아이가, 3학년이 되어 부모님의 뜻대로 졸업이라도 해야겠다고 마음먹고 늦게라도 학교에 와서 수업 일수를 채우려고 했고(물론, 이 점이 더 괘씸했지만) 선생님 말씀에 고개도 끄덕일 줄 알게 된 것도 조금은 변한 게 아닐지.

아직도 교사 회의 결정이 옳았는지는 알 수 없다. 어쩌면 앞으로도 모를 수 있다. 그리고 이런 논의는 언젠가 또 다른 아이들 때문에 또 다른 선생님들에 의해 또 제안될 것이다. 부디 그때도 현천 교육을 위해 후회 없는 결정이 이루어지길 바란다.
글을 마치면서 문득 그동안 가슴속에 품고 있던 누군가의 명언이 떠오른다.
'가장 사랑이 필요한 아이는 가장 사랑스럽지 않은 방법으로 사랑

을 요구한다.'
이와 함께 또 하나의 물음이 떠오른다.
'현천의 아이들은 현천에서는 어떤 일을 해도 자신들을 내치지 못한다고, 아니 내치지 않는다고 믿는단다. 과연 이 검증되지 않은 믿음은 현천의 아이들에게 그리고 현천의 교육에 득이 될까, 실이 될까?'

같은 듯 다른,
다른 듯 같은

함께 개교를 준비하고 현천고에 근무하게 된 교사들이 공통적으로 인정한 사실이 있다. 현천고에는 교사 숫자만큼의 학교가 있다고. 각각의 선생님들이 각자의 교육적 신념과 소신을 갖고 현천고에서 함께 살아가게 되었다. 하긴, 그런 소신과 신념이 없으면 현천고에 오기도 힘들지 않았을까?
학교가 자리 잡는 과정에서 참으로 많은 의견 차이가 있었지만 그것도 힘들다 느끼지 않고 열심히 즐겁게 밤늦게까지 회의를 지속했다. 나의 의견에도, 나와 다른-어쩌면 개인적으로 이해하지 못하는-의견에도 그 중심에는 아이들이 있었기에 마주 앉는 것이 가능했다. 또한 의견 대립은 회의 장소에서만 있었고, 회의장을 벗어나면 그저 같은 꿈을 꾸는 동료였기에 힘들지 않았다.

시간이 흘러 학교가 조금 자리를 잡은 때문일까? 아니면 아이들과 만나면서 소진된 탓일까? 어느새 우리는 나와 다른 의견을 자신에 대한 공격으로 받아들이고, 이는 회의장을 벗어나서는 갈등으로 이어졌다. 회의 시간은 긴장의 연속이고, 같은 사안을 각기 다른 시각으로 보는 것이 조직 발전에도 좋다던 우리들이 점점 발언하는 선생님들만 발언하고 발언이 맘에 들지 않는 선생님들은 입을 닫거나 회의장을 나가는 경우까지 생겼다. 이 시기 나는 교장으로서 엄청나게 많은 자책을 했다. 스스로의 능력 없음을.
더 많은 시간이 흘러 서로 다른 의견은 어느새 다수결로 결정짓고, 갈등은 갈등대로 수면 아래에 머물러 있는 상태로 학교는 돌아갔다. 각자의 방식으로 최선을 다해 아이들을 만나면서.

3년의 시간이 흘러 신규 선생님이 전입을 왔다. 그 선생님은 회의 시간이 어떠셨을까?

> 대안 학교에 발령 받아서 내가 본 충격적이면서도 신선한 모습은 알록달록한 아이들의 머리, 직장 동료 이상의 친밀함을 보이는 교사들이었다. 이곳은 서로 마음이 모여 함께했다는 이야기에 모든 게 평화로울 거라고 생각했지만, 회의에서만큼은 달랐다. 서로 의견이 다르기도 했고, 그 속에서 상처를 받기도 했고, 의도치 않게 상처를 주기도 했다. 때로는 다 같이 노래를 부르며 웃음이 넘치기도 하고, 때로는 목이 뻣뻣해지도록 긴장하기도 했다. 이런 롤러코스터 같은 회의 시간에 나는 늘 숨어 있었다. 어

느 방향으로 가야 하는지 혼란스러웠다. 가끔은 차라리 서로 친하지 않았으면, 업무적인 관계로만 지냈다면 이토록 힘들지는 않았을 거라 생각했다.
_현천고 3기 교사 최○○

생각해 보면 지난날, 각자의 생각과 신념으로 말하다 보니 갈등이 일어나고, 믿거니 하고 누군가에게 말한 것이 왜곡 전달되어 상처를 받고, 말이 아닌 글로 쓰다 보니 진심이 전달되지 못해 오해를 산 것도 같다.
시간이 흘러 초창기에 함께 시작했던 선생님들이 대다수 다른 학교로 전출 가시고, 전보 특례가 아닌 일반 발령으로 전입해 오신 선생님들과 함께하던 어느 날이었다. 함께 개교를 준비했던 한 선생님께서 말씀하셨다. 학교 색깔이 변했다고. 처음 출발할 때의 모습이 아니라고. 그러면서 내게 질문하셨다. 교장 선생님의 교육 철학은 무엇이냐고. 그 짧은 순간에 어찌 내가 나의 교육 철학을 말할 수 있을까. 아니, 나는 교육 철학이 있었을까? 있었다면 그 철학을 관철시키기 위해 노력했을까.
나는 색깔이 변했다고 생각하지 않는다. 다만 색깔이 옅어진 것일 뿐. 그래서 거기에 여러 선생님들이 다시 진하지는 않지만 옅게 색깔을 덧입혀 주면 진해지지 않을까. 대충 이렇게 얼버무린 것 같다. 난 교장으로서 진한 색깔을 칠하기보다는, 조금 옅은 색깔이라도 그 색깔을 선택한 선생님들을 믿고 지지해 줄 것이라고 마무리를 한 것 같다.
요즘 우리 선생님들이 함께 읽고 있는 『대안 교육 20년을 말하다』라는 책에서 우리를, 아니 나를 깨우치게 한 글이 있다.

> 부모들은 화성에서, 교사는 금성에서 왔고, 아이들은 명왕성에서 온 것 같았다. 다양성에서 오는 혼란과 갈등을 조정하고 소통하는 능력이 부족했다는 것이다. 같은 방향을 바라보면서도 다른 생각을 할 수 있다는 것을 이해하지 못했고, 이해를 못 하니까 받아들일 수 없었다.

아니, 굳이 책이 아니더라도 나의 생각을 깨우치게 한 스승은 가까이에도 있었다.

> 조금씩 '대안 학교'에 적응할 때 쯤 내가 느낀 점은 개인의 다양성에 따라 의견이 나오는 것일 뿐 그 의견의 끝은 결국 '아이들'이었다는 것이다. 그 누구도 본인이 편하기 위해 의견을 낸 것이 아니었다. 이러한 대안 학교 첫걸음에서 혼란스러웠던 과정이 이 페이지에 담겨 있었다. 결국 이런 모습은 건강하고 자연스런 일이며, 대안 학교는 다름을 인정하는 한 차원 높은 가치를 습득할 수 있는 절호의 공간이었다는 것을……. '변화의 역설적 이론'에서 말하는 것처럼 결국 우리가 이런 모습이 자연스러운 것이라고 인정할 때 비로소 변화는 일어날 것이다.
> _현천고 3기 교사 최○○

그래도 다행인 것은 요즘도 늘상 여러 안건으로 의견이 대립하고 긴 시간 동안 회의가 진행되지만, 회의장을 박차고 나가는 선생님들이나 긴장해서 목이 뻣뻣해진다는 선생님, 회의장을 벗어나서도 갈등을 보이는 선생님은 안 계신 듯하다. 회의가 많아 힘들고 중언부언하며 회의 시간이 길어져 지치지만, 그래도 회의 시간이 끝나면 회의한 것 같다는 뿌듯함이 있는 '현.천.스.러.운.' 회의가 앞으로도 계속되기를 희망한다.

좋은 대학보다
좋은 사람이 되었으면

2020년 9월 21일. 수시 전형으로 대학 입학 원서를 내는 3학년 학생 중 학교장 추천 전형을 쓰려는 학생이 있어 오늘 교사 회의 안건에 올라왔다.

'현천에서 대학 입시에 학교장 추천을 하는 것이 적합한가?'

오랜 시간 논의가 있었다. 허용하자는 선생님들은 주로 '현천에서는 입학할 때부터 입시 교육을 하지 않는다는 약속을 하고 들어왔으나 아이들이 3년 동안 성장하면서 새로운 꿈을 꾸게 되었으며, 그 꿈을 도와주기 위해 자격을 갖춘 아이들에게 학교장 추천을 하는 것은 당연한 일'이라거나, '왜 우리는 유독 대학 진학에는 민감한가', '현천에서 서울대학교를 진학하면 안 되는 일인가'라는 의견을 냈다. 반면에 허용하면 안 된다는 쪽에서는 '입시 교육을 하지 않기로 한 현천에서 대학 입학을 위한 학교장 추천이 합당한 일인가', '지금은 한 명이지만 앞으로는 제2, 제3의 아이들이 학교장 추천을 써 달라고 할 것'이며, '장차 대학 진학을 위해 현천에 입학하려고 하는 아이들을 어떻게 막을 것이냐' 등의 의견을 피력하였다. 그런 논쟁을 벌이는 선생님들께 회의를 주재하면서 이런 말씀을 드렸다.

"현천고 1기가 2학년이었을 때, 서울에서 입시 컨설팅과 논술 학원을 하는 원장이 우리 학교를 너무 잘 봐주셔서, 본인에게 맡겨 주면 현천에서 받는 이 교육 과정만으로도 스펙을 쌓아 세 명 정도는 소위 SKY에 보낼 수 있다고 제안했습니다. 그러나 마음만 받겠다며 거절했습니다. 현천을 졸업하는 아이들에게 여전히 미안한 점은 '대학을 가지 않고도 충분히 행복한 삶을 살 수 있다는 대안적 삶을 제시해 주었는가?' 하는 점입니다. 현천에 입학할 당시에 많은 학부모들은 당신의 자녀가 고등학교만이라도 졸업했으면 좋겠다는 마음을 갖고 계셨지만, 아이들이 성장하여 졸업을 앞둔 시점에서는 아무 대학이라도 갔으면 좋겠다는 바람을 가지는 것을 우리가 잘못됐다고 부정할 수 있는가 싶습니다. 그동안 현천에서 여전히 힘들고 어려운 아이들을 품고자 노력했던 선생님들이 계시는 한, 오늘 어떤 결정이 나든 교장으로서 현천의 교육이 쉽게 바뀌지는 않을 것이라고 믿습니다."

사실, 대학 진학에 대한 논의는 1기 졸업생이 3학년이 되던 2017년부터 끊임없이 이어져 왔다. 결국 '진학만을 위한 대학 진학이 아니라, 진로의 일환으로 대학 진학을 선택한 것을 어찌할 것인가'라는 다소 모호한 자세로 대학 진학을 바라보게 되었다. 단, 그럼에도 불구하고 현천의 교육 과정은 입시 교육에 영향을 받지 않으며, 수시 전형은 오롯이 학생들의 몫으로 이루어지고 학교는 최소한의 행정적인 절차만 처리해 주기로 방침을 정했었다. 또한 아이들을 상담하는 입장에서 꼭 대학 진학이 필요한지 스스로 생각할 여지를 주고자 하였다.

한 학생이 사회복지학과에 원서를 낸다고 찾아왔다. 그래서 그 학생에게 물었다. 사회복지학과에 가려는 이유가 무엇인지. 어려운 사람을 도와주기 위해서란다. 어려운 사람을 도와주는 길은 여러 방법이 있는데 굳이 대학을 진학하려는 이유도 물었다. 최소한 대학을 왜 가는지, 그 학과를 선택한 이유는 무엇인지 자기 확신을 갖고 대학 진학을 선택했으면 하는 마음으로 상담을 진행했다.

그러던 차에 작년에 생각지도 못한 일을 겪게 되었다. 고3 학생 한 명이, 아니 정확히 말하면 그 학생의 아버지가 9월 모의 수능을 보기를 원한 것이다. 이 문제를 논의한 끝에 학교에서 모의 수능은 보지 않는 것으로 결론 냈다. 사실 논의는 쉽게 결론이 났다. 그런데 문제는 그 아버지가 도교육청에 민원을 넣었고, 민원의 결과 학생이 원하면 학교에서 시험을 볼 수 있게 조치를 취해 줘야 한다는 답변을 받았다. 학교의 교육 방침과 도교육청이 내린 민원에 따른 지침을 해소하기 위해 '주변 학교에서 보게 하자'든가 '학교가 아닌 공공시설을 시험장으로 활용하자'는 등의 여러 방법을 고민하다가 결국 다른 희망 학생들을 취합하여 10명의 학생들이 학교에서 시험을 치르게 되었다. 학교의 방침을 지키려고 노력한 선생님들에게는 또 다른 생채기로 남은 사건이었다. 그 일이 있은 후, 신입생 원서에 '본교는 입시 교육을 하지 않습니다'라고 학교 교육 과정을 설명한 부분에 '모의 고사 미실시' 문구를 추가로 넣게 되었다.

각설하고, 학교장 추천 허용 여부에 관해 각각의 합당한 이유를 들면서 오랜 시간 논의를 거쳤으나 결론을 내지 못하고 온라인 투표로 결정하기로 하였다. 다른 학교의 교무부장 역할을 하는 행복지원부장이 교사 단톡방에 공지하면서 온라인 투표가 실시되었다.

> 오늘 교사 회의에서 우리 학교 교육 방침과 학교장 추천 전형의 관련성에 관해 오랜 시간 논의하였고 부재중인 샘들이 많아 온라인 투표로 결론을 도출하기로 했습니다. 2차에 걸쳐 투표를 진행하며 오늘 중으로 결론을 내는 게 3학년 입시 일정에 덜 부담스러울 것 같으니 심사숙고하신 후 가능하면 빨리 투표에 응해 주시길 부탁드립니다. 1차 투표는 2시에 마감하도록 하겠습니다~
> 1차 투표 내용 : 학교장 추천 전형 허용 / 비허용
> 2차-1 허용이 과반수 넘을 경우
> : 추천서 요청 학생의 적격 / 부적격
> 2차-2 비허용이 과반수 넘을 경우, 적용 시기
> : 올해부터 / 내년 이후부터
> 3차-1 내년 이후부터가 과반수 넘으면
> : 2021년 / 2022년 / 2023년 (입학생 기준)

투표 결과 학교장 추천 비허용 의견이 과반수를 넘었습니다.
(24명 참가, 허용 9명, 비허용 13명, 기권 2명)
이에 2차 투표를 실시합니다. 2차 투표는 5시까지 참여해 주시기 바랍니다.
2차-2 비허용이 과반수 넘을 경우, 적용시기
: 올해부터 / 내년 이후부터

오늘 교사 회의 협의 안건인 학교장 추천 전형 허용 여부의 결과는 '올해부터 허용하지 않음'으로 결정되었습니다.
(22명 참가, 올해부터 13명, 내년 이후부터 9명)

이 결과 공지 후에, 해당 학생의 담임 선생님이 단톡방에 글을 올리시면서 해당 학생을 불러 이해시켜 달라고 부탁하셨다.

대입 학교장 추천 전형에 대한 동료들의 고뇌와 결정을 존중합니다. ○○이에게 이 사항을 전하고 필요하면 이해를 시켜야겠죠? 이 역할은 담임 교사 차원을 넘어서는 걸로 보입니다. 하여 교장 선생님께서 맡아 주시면 정말 감사하겠습니다.

학생을 불렀다. ○○이 교장실에 들어오면서 바로 묻는다.
"좋은 소식이에요, 안 좋은 소식이에요?"
뭐라고 답을 해야 할지 몰라 함께 소파에 걸터앉았다.
"너는 왜 학교장 추천 전형을 쓰려고 하니?"
"제 내신 성적은 확실히 좋은데 다른 대학은 과목 이수 시간이 적어 교과 전형으로 쓰지 못하고 종합 전형으로 써야 한답니다. 그런데 이 대학 학교장 추천 전형에는 그런 제한이 없어서요."

"그 문제로 오늘 선생님들이 오랜 논의를 했는데, 결국 학교의 교육 철학과 맞지 않아 허용하지 않기로 결정을 내렸는데, 어쩌지?"

교장실에 들어오면서부터 글썽거리던 눈물이 주르륵 흘러내린다.

"○○이 지금까지 현천에서 열심히 생활했는데, 이런 결정이 나니 마음이 안 좋지?"

"머리로는 이해를 하는데, 가슴으로 이해가 안 돼서 눈물이 나는 거예요."

"쌤을 포함해서 많은 선생님들은 ○○이가 열심히 생활했음에도 도움을 못 줘서 가슴으로는 안타까운데, 머리로는 제대로 된 결정을 해야 할 것 같아서 이렇게 결론이 났어. ○○이에게 가혹하게 들릴지 모르겠으나 ○○이가 이런 결정을 내린 선생님들을, 현천을 이해해 줬으면 좋겠어."

하염없이 눈물을 흘리는 ○○이가 안타까워 슬쩍 질문을 돌려 보았다.

"그런데 ○○이는 간호사가 되어 해외 봉사 활동을 하려던 거 아니었니? 간호사가 되는 길은 여러 대학에 있는데 왜 무리하면서까지 그 대학에 가려 하니? 명문이라서? 인 서울이라서?"

"이모가 모 대학 교수인데 '네 정도 성적으로 이왕 갈 거면 그래도 4년제 대학을, 서울에 있는 대학을 가는 게 좋지 않을까' 하는 권유가 있은 후에 계속 그 생각이 멈추지 않아요."

"그래서 자소서는 썼어?"
"쓰고 있는데, 인문계 나온 선배들이 쓴 자소서를 기준으로 했더니 저는 한 게 하나도 없는 거예요."
"왜 ○○이는 현천에서 잘 생활했음에도 그걸 자소서에 녹여내지 못하고, 인문계 나온 사람의 글을 참고로 했을까? ○○이가 현천에서 보낸 시간을 부정하는 것 같아 마음이 아프네."
"지난번에 교육청에 있는 분께 조언을 받은 적이 있는데, 대안 학교를 나왔다면 아무래도 조금 부정적으로 보지 않을까 하는 의견을 주셨어요."
"○○이는 여지껏 자신의 힘으로 학교생활을 잘했는데, 졸업을 앞두고 주변 사람들의 권유와 조언에 흔들리는 모습이 보이는 것 같아 안타깝구나. 그냥 네가 생활했던 대로 자소서를 쓰고, 그 자소서를 보고도 너를 선택하지 않는 대학은 큰 손해를 보는 것이라고 당당하게 말할 수 있는 ○○이가 됐으면 좋겠는데."
"안 그래도 어제 전에 썼던 자소서를 다 엎고 다시 쓰기 시작했어요. 현천에서의 생활을 쓰니 엄청 열심히 살았더라고요."

이렇게 ○○이랑 얘기하면서 현천의 교육이 대학 입시와 상관없이 원래의 학교 철학에 맞게 이루어져야 한다는 걸 더 절실히 느끼게 되었다. 그러면서 현천고 1기로 졸업한 친언니 얘기를 꺼냈다.
"언니는 졸업하면서 대학 원서를 쓸 때 ○○이랑 비슷했을까?"
"아뇨. 사실 언니가 원서를 쓸 때는 잘 몰랐어요. 쓰는지 안 쓰는지도.

그런데 저는 요즘 집에서도 너무 민감하게 반응하는 것 같아요."

"언니가 대학 입시에 실패해서 자기 스스로 이것저것 해 보고, 외국도 다니면서 일을 찾고 하는 모습 보면서 불행하다고 생각해 본 적이 있니?"

"아뇨. 그냥 편하고 행복해 보였어요. 지금도 변함없이 그 모습이고요."

"그래. 바로 그거야. 누군가와 비교하고 그 삶을 따라가려고 하는 삶은 불행할 수밖에 없고, 자신의 삶에 만족하며 사는 것이 행복인 거지. 쌤은 ○○이가 간호사가 되어 다른 나라에 가서 봉사하면서 살고 싶다는 원래의 생각대로 살아갔으면 좋겠다. 더 좋은 대학의 간호학과를 졸업한 간호사가 아닌, 어려운 사람들에게 더 좋은 간호사가 됐으면 좋겠다."

그러면서 건강 음료 하나를 쥐어 보냈다. 그리고 다음 날 아침 통화를 했다.

"잘 잤니? 어제 눈물 보인 게 영 마음이 안 좋아서 전화했다."

"네. 걱정 마세요. 어제는 모처럼 기숙사에서 마음 편히 놀고 잘 잤어요."

아직도 나는 학교장 추천 전형을 허용하지 않기로 한 결정이 올바른 결정이었는지 확신이 서지 않는다. 그러나 단 하나 확신하는 것은 있다. 최소한 현천의 교육이 당분간은 흔들리지 않겠다는 확신! 그건 바로 현천에서 몸과 마음이 아픈 아이들을 온몸과 마음으로 만나고 계시는, 그로 인해 더 몸과 마음이 아프실, 세상에 둘도 없는 선생님들 덕분일 것이다.

전혀 다정하지 않던 다정이가 현천에서 다정한 다정이가 된, 다정이에게!

코로나19로 인해서 '꿈 너머 꿈' 수업이 제대로 이루어지지 않았지. 그럼에도 불구하고 3년의 현천 생활을 마무리하며 비대면으로 진행했던 다정이의 '꿈날다'• 발표를 보고 난 후, 오늘은 너의 허락을 받고 너의 이야기를 하려고 한다. (네가 실명을 써도 된다고 했기에 자신 있게 다정이라는 이름을 쓰며.)

다정이가 입학하던 해, 엄청난 인물 하나가 현천에 나타났지.
친구들하고 문제가 생기면 그대로 자신의 화를 분출하던 다정이. 그런 다정이를 진정시키고 얘기를 하고자 하면 선생님들에게도 화를 내며 손을 뿌리치고 나갔던 다정이. 그래도 다행인 것은 1년을 그렇게 힘들게 학교를 다녔어도 학교를 박차고 나가지 않은 것. 앞으로는 나가지 못했지만 다행히 제 자리에 멈춰 섰던 다정이였지!

저는 제 스스로도 통제가 불가능한 사람이었습니다.
다른 사람들에게 상처를 주었고, 상처를 줌과 동시에 돌아오는

> 건 제가 저에게 주는 상처뿐이었습니다. 그게 제가 어떻게든 살아갈 수 있는 방법이었던 것 같아요. 남을 생각하지도 않을 뿐더러 제 세상 속에만 갇혀 살았고, 이미 망가질 대로 망가져 버린 나와 주변을 조금이라도 챙겨 볼 생각은 전혀 못 했고, 그렇게 중학교 3년을 지나 2018년 현천에 입학하게 되었습니다. 살아오던 방식마저도 힘들어했던 제가 새로운 환경에서 살아가려 할 때 마냥 쉽진 않았습니다. 살아온 방식으로만 살아왔는데 어떻게 적응을 하고 버틸 생각을 하겠어요. 그렇게 1년은 달려 볼 생각도 안 하고 제자리에 멈춰 있는 듯한 느낌이었습니다.

2학년이 되어 조금씩 친구들과 관계를 맺고 다른 친구들을 이해하려고 노력했지. 이제 웃으며 선생님들하고 장난도 치고 말도 나누곤 했지. 근데 이제 문제는 1학년 후배들이었지?

다정이가 1학년 때 했던 행동을 하는 후배들을 다정이는 참아 내지 못했지. 그날이 생각나네. 교장실에서 그 후배랑 다정이랑 1학년 담임 쌤이랑 교장 쌤이랑 얘기하던 자리에서 다정이는 또 화를 참지 못하고 그 후배한테 퍼붓고 말았지. 그 후에 그 후배랑 담임 선생님이 다정이가 무서웠다고 말했던 것은 비밀. 우리 다정이가 교

● 한 학기 동안 활동한 결과를 학기말 '꿈·날·다(꿈을 발표하는 날. 다 함께)' 시간을 통해 전교생과 교사, 학부모가 함께한 자리에서 발표하고 소감을 나눈다. 이러한 '꿈날다' 시간을 통해 학생들은 한 학기 동안 자신이 수행해 온 '꿈 너머 꿈' 활동을 정리해 발표하면서 자신의 진로를 점검하고 새로운 계획을 수립하는 기회를 갖고, 마중물 교사와 학부모 및 멘토들은 학생들의 활동을 확인하고 새로운 성장을 할 수 있도록 도움을 준다.

장 쌤이 잡은 손을 뿌리치고 나갔을 때는 또 얼마나 힘이 세던지. 물론 2학년 때는 그런 행동을 하면 나중에라도 잘못했다고 인정하는 횟수가 늘긴 했지. 그런데 1학년 때도 하지 않던 '자퇴'라는 말을 자주 해서 마음이 아팠어.

> 현천에서 2년째, 제 생각엔 이때가 가장 힘들고 버거웠던 시간들이었던 것 같아요. 제 속마음을 꺼내어 말할 수 있게 됨과 동시에 다시 세상에 벽을 쳐 버렸어요. 겨우 1년 버텨서 적응을 할까 말까 하는 시기에 그렇게 돼 버리니 다시 자퇴 소리가 나오더라고요.ㅎㅎ 근데 지금 생각하면 자퇴 안 하길 잘한 것 같기도 하네요.ㅎㅎ♡_♡

여러 친구들과 많은 선생님들의 기다림 속에 다정이는 현천에서의 마지막 학년이 되었지. 2학년 중반부터 다정이에 대한 선생님들의 칭찬이 이어졌어. 다정이가 부드러워졌다고, 많이 컸다고. 그런 다정이에게 3학년은 어땠는지 모르겠다. 마지막 남은 일 년을 잘 마무리해야 하는데 코로나19로 인해 등교 수업과 원격 수업을 반복하다 보니 우리 모두가 힘들었지. 그 때문에 다정이도 한 해 마무리를 제대로 못 한 거 같아 안타까웠다. 그렇게 많은 날을 학교에 오지 않았음에도 불구하고, 우리 다정이는 역시 그 기대를 저버리지 않고(?) 1학년 여자 후배랑 불미스러운 사안이 생겼지. 현천에서 선생님들 말을 듣지 않고 또 밤늦게까지 고생하시는 선생님들에게 함부로 하는 후배들을 보면 참지 못하던 다정이가 벌인 일이었지. 교장 쌤이 볼 때, 그 후배가 했던 일들은 대부분 다정이가 1학년 때 했던 것이었는데, 다정이가 그런 행동을 참지 못한 것은 스스로의 행동에 대한 반성일까, 아니면 다정이 말마따나 '난 그 정도는 아니었다'는 혼자만의 생각일까? 지금까지도 모르겠네.

그런데 중요한 것은 '다정이가 크긴 컸구나' 하고 생각하게 된 것이고, 그건 문제를 해결하는 과정에서였어. 둘의 관계 회복을 위해 1학년 후배를 태우고 다정이를 만나러 원주에 나갔지. 쌤이 점심을 사 줬더니 카페에 가서는 다정이가 선뜻 돈을 지불했어. 네가 무슨 돈이 있냐고 쌤이 낸다고 하니 얻어먹을 수 있을 때 얻어먹으라고 큰소리쳤지. 아마 현천에서 쌤이 제자한테 처음 커피를 얻어먹은 영광스러운 자리였을 거야. 카페에 앉아 디저트랑 차를 마시며 후배랑 얘기를 해 보라고 했더니 서로 쑥스러워서 얘기를 못 하다가, 둘이 잠깐 나갔다 온다고 하더니 금방 서로 오해를 풀고 화해하고 들어오더라. 물론 너희들이 나가서 어떤 짓(?)을 했는지는 비밀이겠지만 말야.

학교로 돌아오는 길에 그 후배가 얘기하더라. 다정이 언니가 너무 좋다고. 다정이 언니가 너무 착하다고. 그 다정이도 1학년 때는 너랑 똑같이, 아니 어쩌면 더 했다고 했더니 많이 놀라던데? 다정이를 만나고 난 후부터 그 후배의 생각과 행동이 조금씩 변하기 시작했다면 다정이 어깨에 힘이 너무 들어갈까 봐 걱정은 되나, 사실은 사실이니까.

학교에 도착한 후 쌤이 다정이와 통화하며 이런 말을 했었지? 그 후배의 성장 환경이랑 가슴속에 품고 있는 상처, 성격 등이 너랑 비슷하니 다정이가 졸업할 때까지 그 후배 좀 잘 보살펴 달라고. 그 후로도 알게 모르게 그 후배를 챙기는 다정이를 보고 우리 다정이가 많이 컸구나 느꼈어.

> 3년 째, 도망치고 싶을 때마다 도움을 요청하기도 하고 버텨 보려고 노력도 할 줄 아는 사람이 되었습니다. 제가 도망치려 할 때마다 비난이 아닌, 모든 부분에서 응원과 사랑으로 감싸 주었던 여러분이 있었기에 이렇게까지 성장할 수 있었던 것 같아요. 제가 아파하고 힘들어할 때, 버거워 다 내려놓고 도망치려고 할 때, 옆에서 끝까지 바라봐 주신 모든 분들, 한 분 한 분 이름을 다 적을 순 없지만 여러분들이 아니었다면 전 이렇게 지금 여기에 서 있지 못했을 거예요. 감사합니다.

올초에 한동안 다정이가 힘들어했지? "어떤 친구는 집에서 유학도 보내 준다는데"라면서 자괴감에 빠져서 학교에도 나오지 않았을 때, 다정이는 당장 자립해서 살아야 한다고 생각이 드니 얼마나 심적으로 힘들었을까. 그렇게 생각은 했지만 그걸 표현하지 못하고 선생님은 정신 차리라고 다그치기만 했지. 그래서 미안했는데, 쌤 마음을 알아차렸는지 다정이가 집에 가면서 카톡을 보냈더구나.

> [김다정(현천고 4기)] 쌤~나 속초 가는 중이에요~ 이제 멘탈 좀 잡히고 있는 거 같아요ㅎㅎ

다음 주부턴 꼬박꼬박 다닐 게요. 고생하셨어요ㅎㅎ
[김다정(현천고 4기)] 답장하세요
[박경화] 정신 나간 놈한테 왜 답장을 해야 하는 거지?
[김다정(현천고 4기)] 아잉
[김다정(현천고 4기)] 쌤
[김다정(현천고 4기)] 사랑해요
[박경화] 그놈의 멘탈은 서른 살이 돼도 못 잡을 거 같은데…
[김다정(현천고 4기)] 너무해!!! 흥!!!
[김다정(현천고 4기)] 쌤 나 이번 시험 평균 50점대 나올 거 같은데~~ㅎㅎㅎㅎㅎ
[박경화] [오후 4:05] 다행히 아이큐보다는 높은 거 같고…
[김다정(현천고 4기)] …………
[박경화] 몸무게보다 높았으면 더 좋았을 텐데
[김다정(현천고 4기)] 진짜… 짜증낭
[박경화] 넌 더 짜증나야 해. 멘탈 잡히려면 한참 멀었어.
[김다정(현천고 4기)] 웅... 다음 주에 봐요
[박경화] 그래. 잘 다녀오고. 조신하게 지내다 오거라
[김다정(현천고 4기)] ㅇ

다정이는 현천에서 행복했니? 현천에서 다정이는 어떤 꿈을 이루려고 했을까? 3년이 지난 지금, 그 꿈은 이루어졌는지.

여러분들의 올해 목표는 무엇이었나요? 제 목표는 현천에서 '김다정' 하면 '아! 김다정! 끝까지 잘 버텨 주어서 고마운 친구!'라든지 아무튼 다양하게 기억에 남을 수 있는 사람이 되는 것이었습니

다. 목표를 이루고자 함에 있어서 정말 많은 노력과 고생이 있었던 것 같습니다. 지금 그 목표를 이루었는지는 알 수 없지만, 최소한 '김다정'을 좋지 않은 쪽으로만 기억해 주시지는 않겠지요? 좋은 것들만 배워 갑니다. 버틸 수 있게 해 주셔서 감사합니다. 성장할 수 있게 해 주셔서 감사합니다. 평생의 오랜 추억으로 남겨 둘 수 있게 해 주셔서 감사합니다. 평생토록 받을 만큼의 사랑을 3년이라는 시간 동안 과분히 주셔서 감사합니다. 이렇게 꿋꿋이 서 있게 해 주셨음에 감사합니다. 베풀 수 있는 사람이 되겠습니다. 감사합니다♡

현천에서 좋은 것만 배워 간다니 고맙다. 스스로 힘든 과정을 버티고 조금씩 성장해 줘서 고맙다. 과분한 사랑을 받은 3년의 시간이라고 해 주어서 고맙다. 그래서 이제 혼자의 힘으로 꿋꿋하게 설 수 있다고 해서 고맙다. 그리고 그 사랑을 받아 더 베풀 수 있는 사람이 되겠다고 해 줘서 눈물 나도록 고맙다. 다정이가 현천이고, 현천이 다정이다.

마지막으로 다정이의 발표를 보고, 다정이가 스스로 성장할 수 있으리라 믿고 기다려 줬던 현천의 선생님들이 남긴 댓글을 같이 담는다. 그리고 다정이가 교장 쌤 글에 남긴 댓글을 덧붙이며, 다시 시작하는 다정이를 믿고 또 다시 만날 날을 그리며 다정이를 보내려 한다.

어제 학교에 늦게까지 남아 그동안 찍은 사진을 보다가 2018년도까지 시간 여행을 하게 되었다. 2020년 12월 사진부터 시작해서 2018년 3월 2일까지, 4기들의 활동 모습이 눈에 훤히 들어오더라. 2018년 입학 당시 찍은 사진을 보니 일일이 이름을 언급할 필요는 없지만 지금 현천에 없는 얼굴이 참 많다는 생각을 했다. 그 친구들도 모두 저마다의 속도로 잘 살고 있겠지 하는 마음이 들더라.

그 신입생 중에 아우라 넘치는 한 얼굴. 짧은 단발머리에 가운데 가르마, 빨간 립스틱 그리고 윤기 좌르르 흐르는 시커먼 가죽 잠바를 입은 포스 좀 보소. 아, 그때 범상치 않은 녀석이구나 생각했지. 겉껍질이 딱딱해서 바늘로 찔러도 들어갈 것 같지 않은, 자신을 방어하는 것이 거칠게 느껴져 주변에서 쉽게 다가설 수 없을 것 같은 다정이 이미지였는데, 하루하루 함께 생활하면서 속은 말랑말랑 소녀 감성을 가진, 사랑받고 싶고 사랑하고 싶어 하는 감성쟁이라는 것을 알아가는 데 꽤 기간이 걸린 것 같다.

솔직히 2학년 때는 '저 녀석이 졸업을 할 수 있을까' 하는 부정적인 생각도 하곤 했는데 주변 친구들과 선생님들이 채워 주며 하루하루 생기를 되찾는 모습을 보고, 더 나아가 자기 활동의 나래를 펴기 시작하는 걸 보고는 '이제는 졸업할 수 있겠네' 하고 생각했다. 2학년 후반기에는 공동체에 건강한 목소리를 내기 시작하고 친구들이 주변에 모이는 것을 보며 다정이의 힘을 느낄 수 있었다.

그리고 올해 샘이 마중물이 되었네. 다정이와 그동안의 느낌도 이야기하고 앞으로의 삶과 속마음도 이야기할 시간을 갖고 싶었지만 다정이 모습을 학교에서 많이 볼 수 없어 못내 아쉬웠단다. 그래도 샘이 이야기하면 즉각 대답해 주고 "제가 알아서 할 게요"라는 말에 그냥 믿어 봐도 되겠다는 생각을 하였다.

오늘 새벽에 받은 오늘 발표 글을 보며 진솔한 다정이의 마음을 느낄 수가 있어 좋았다. 그리고 현천에서 받은 사랑을 베풀 수 있겠다는 단단한 마음으로 마무리할 수 있음에 감사한다. 다정이의 인생 2막이 기대되고 궁금하다. 참 수고했고 애 많이 썼다. 앞으로도 '엄지공주'라 계속 불러야겠지요?
_마중물 교사인 역사쌤 박○○

다정이와 많은 시간을 함께하지는 못했는데 난 다정이가 특별하게 느껴진단다. 누군가와 다정이 얘기를 많이 해서 그런가(욕한 거 절대 아님). 현천 아이들을 누군가에게 자랑할 때 다정이를 많이 떠올렸던 것 같아. 현천의 아이들이 나에게 어떻게 다가와서 어떤 울림을 주는지 다정이가 보여 준 듯도 해. 처음 알았던 다정이와 지금 내가 떠올리는 다정이는 참 다른 느낌이야. 그건 다정이의 성장이 있었기 때문이기도 하지만 나도 함께 성장했기 때문이 아닐까 싶어. 정말 정말 다정이를 응원한다. 졸업 축하해!
_국어쌤 임○○

이름과 다르게 다정하지 않았던 너. ㅋㅋ 끊임없이 나를 헷갈리게 했던 너. 앞에 나서서 말은 잘하지만 행동은 가끔 눈살을 찌푸리게 했던 너. 나를 많이 가르치려 했던 너. ㅎㅎ
한때는 다정이가 사회에 나가서도 속에 있는 불만을 통제하지 못하고 확 터져 나오면 어떡하나 걱정도 많이 했다. 비록 타자로 친 글이지만 담담하게 말하는 듯 느껴져서 그 걱정은 한풀 가셨다. 낯선 사람이 잔소리부터 하니 듣기 싫을 법도 했을 텐데 생각보다 크게 대들지 않아서 다행이고, 한편으로는 아쉽기도 하다. 다행인 것은 한판 붙었으면 크게 다쳤을 거라 그렇고, 아쉬운 것은 한판 붙었으면 많이 친해졌을지도 모른다는 철없는 생각에서다.ㅋㅋ 3학년 2학기 때 학교에 안 나오고 졸업 후의 진로를 준비한다는 소식 들었다. 힘들게 살아온 방식이 쉽게 바뀌거나 금방 편해지진 않겠지만 살아가는 데 큰 밑천이 생겼다는 데 한 표! 이제 마음을 열고 주변으로부터 배우고자 한다면 통 큰 다정이가 될 거다. 잘 살 거라 믿는다! 리더십 있잖여! 졸업 축하혀~
_역사쌤 맹○○

마치 태어날 때부터 '현천 졸업'이 지상 최고의 목표인 듯, 죽기살기로 생활하고 버텨 온 깡다구 김다정~ 퇴사로 인해 둔내와 속초를 왕복하면서 쓴 차비만 해도 벌써 새마을금고 하나쯤은 차리고도 남았을, 그야말로 이 시대의 넘버원 재력가 김다정~ 자기보다는 동기들과 학교를 위해 궂은일 도맡아 선봉에 섰다가 도리어 역풍을 맞고 후폭풍에 시달리기도 여러 번이던 투사 김다정~ 이런 너를 우리가 어떻게 잊을 수 있겠니? 너를 잊는다면 그것은 한마디로 범죄지!
다정 다정 다정아~ 너 진짜로 고생 많았다. 너 진짜로 애 많이 썼다. 넌 진짜로 유별나긴 했어도 꽤나 현천스러웠다. 내 선생이긴 해도 너에게서 배운 것도 참 많았다. 그리하여 마지막으로 찐찐 고마움을 전한다.
_국어쌤 지○○

다정아 또 다정아. 이렇게 불러도 좋고 저렇게 불러도 좋은 다정아ㅎㅎㅎ 단순히 잘 지내 주어서 감사하다고 하기에는 뭔가 아쉽고, 자퇴 않고 견뎌서 졸업을 하니 축하한다고 하려니 부족한 듯하고, 그냥 어떻게 해도 아쉽고 안타깝고 부족하고 속상하고 아프고……. 꿈날다 발표를 내 눈앞에서 하는 것 같은 느낌으로 너에게 다가가고 있다. 내 눈앞에 있었다면 충분히 안아 주고 토닥거리고 울어 줄 수 있을 텐데. 그런데 어쩌면 나 말고도 많은 선생님, 친구들이 너에게 큰 박수를 칠 거라고 믿어. 나는 옆으로 쫓겨날 수도 있어. 그만큼 다정이가 현천에서 보여 준 힘은 물리적인 힘뿐만 아니라 정신적인 영향이 컸다는 얘기일 거야. 너는 너를 잘 알고 있을 거야. 너 자신뿐만 아니라 주변 상황도 결코 녹록치 않다는 것을. 하지만 지금까지 현천 3년 동안 믿어 주고 밀어 주고 당겨 주고 손잡아 준 사람들이 많다는 것을 알고 있지? 언제나 손을 내밀어야 해. 그 누구에게나. 그렇게 살아가야 해. 자신만의 길이 있지만 자기 혼자 살 수 있는 세상이 아니라는 것을 이제 알 거라고 생각한다. 이제 너가 없어서 나는 끈이 떨어졌다ㅋㅋㅋ 이제 누구랑 현천을 살아가야 할까? 다정 다정 다정한 다정아. 항상 고마웠고 기특하고 샘에게 많은 힘이 되어 줘서 감사했다.
_과학쌤 장○○

"하루에 한 번씩은 꼭 지랄을 떨던 다정이가 이제 현천에서 벗어납니다. 그동안 저도 힘들고 애 많이 썼지만 쌤도 만만치 않게 힘드셨던 거 알아요. 이제 현천을 떠나면 묵묵히 제 살길 찾아 걸어가 보려고 해요. 사랑해요, 쌤들!"

지랄도 품격 있게

맹순도

원치 않게 원하는 학교에 와서 현천에 익숙해지지 않기 위해 노력 중이다. 현천의 삶이 느슨해질까 봐…….

지랄도 품격 있게

현천 4기, 3학년 녀석들이 굉장히 성장했다.

나는 작년 현천에 발을 깊이 넣지 못했다. 선불리 발을 깊이 담갔다가 책임질 수 없는 상황이 올 수 있다는 생각에 일부러 그런 면도 있다. 업무는 무엇을 감당할 수 있을지, 현천에서의 위치를 어떻게 잡아 나가야 할지, 아이들과의 관계를 어느 정도까지 설정해야 할지 고민이 많았다. 그래도 왠지 낯설지 않았던 교정, 그리고 교육 과정 함께 만들기와 연찬회. 방심했던 탓인지 강화도에서 술기운을 이기지 못하고 숙소로 이동하던 중 계곡 아래로 굴러 떨어지며 낭패를 당했던 일도 떠오른다.

그렇게 '원치 않게 오고 싶은 학교에 왔다'고 하며 시작한 현천 생활. 처음 마주한 녀석들의 모습, 사실 크게 부담스럽지는 않았다. 만만치 않은 녀석들도 있었다. 책임 수행 지도 때 흡연실에서 몰래 담배 피다 걸렸는데도 무시하며 계속 피던 녀석들, 통합 기행 때 기분이 좋지 않다는 이유로 한판 붙을 기세로 달려들던 녀석, 매일 출근할 때마다 교실에 엎드려서 인사를 해도 들은 체도 않고 꼼짝도 하지 않던 녀석, 수업 시간에 보이지 않아 찾아다녔더니 도서관에 짱 박혀 자고 있다 수업하러 가자고 했더니 "저 3학년인데요" 하며 뻔뻔하게 거짓말하던 녀석, 수업 중에 "현천에 왜 오셨어요?"라고 당돌하게 물어보던 녀석, 항상 "우울해요", "지겨워요"를 입에 달고 다니며 징징대던 녀석, 한 아이가 뭐라고 얘기만 하면 득달같이 달려들어 공격하던 녀석, 수업 시간에 늘 들어오지 않고 홈베이스에 누워 "금방 갈게요"만 반복하던 녀석……. 내가 현천에 오자마자 마주했던 4기 녀석들의 모습이었다. 물론 이와 다르게 푸근하고 안정적인 모습의 녀석들도 많았지만, 현천이 낯선 내게 강렬함을 주었던 녀석들의 이야기를 하고자 한다.

코로나19로 인해 등교 개학이 5월 20일에야 이루어졌다. 4기 녀석들이 3학년이 되어 먼저 등교를 했다. 오랜 기다림 속에 맞이하는 녀석들. 선생님들의 기다림만큼이나 녀석들의 모습도 설렘이 배어 나오려나? 교문에서의 환영 의식과 시간은 잠시, 어느새 아이들은 기숙사로 훅 들어갔다 교실로 등교했다. 아이들을 쭉 둘러보며 퍼뜩 떠오른 느낌은 '신수가 훤해졌다'였다. 정말로 내 눈엔 하나같이 훤해 보였다. 얼굴 피부도 하얘졌고 성숙미도 느껴졌다. '그냥 좀 컸겠지' 하며 별 생각 없이 만난 아이들의 겉모습이었다. 코로나로 외출을 자제해서 그런지는 모르겠지만.
녀석들이 등교한 지 일주일. 작년 학기 초의 모습이 다시 떠올랐다. 지난 책임 수행 지도 때 몰래 담배 피다 걸렸는데도 무시하고 담배 피던 녀석들은 나를 반긴다. 그중 한 놈은 지난 스승의 날에 감사 카톡을 날렸다. 담배 관련해 수차례 선도위까지 올라왔던 녀석들이 아직까지 담배로 걸리지 않고 있다. 통합 기행 때 한판 붙을 기세로 덤벼들던 녀석도 "선생님" 하며 이것저것 물어본다. 원격 수업 때는 수업에도 잘 참여하고 과제도 척척 내고 질문까지 했다. 내 질문에는 답변도 곧잘 한다. 이 녀석 욕도 한 욕 했는데 욕이 나오는 것을 아직 보지 못했다. 매일 출근할 때 인사를 건네도 모른척하던 녀석은 이제 인사를 받아 준다. 대화도 한다. 심지어 농담까지 건넨다. 옹알이하던 아이가 갑자기 말을 하는 신비함이랄까? 도서관에 짱 박혀 자고 있다 수업하러 가자니까 3학년이라고 짐짓 뻥을 치던 아이는 반장이 되었다. 인사 한 번 하자고 하니 머뭇거리며 일어나 "전체 차렷! 선생님께 경례!"라며 부지불식간 전통적인 인사법이 나온다. 몇몇 아이들이 당황스러운 눈치다. 이제는 시대에 맞지 않는 인사법이라 말하며 그땐 그랬지 하고 얼렁뚱땅 넘어갔다.

수업 중에 현천에 왜 왔냐고 물었던 녀석은 애제자 중의 한 명이 되었다. 멘토가 되어 달라고 부탁도 한다. 자신의 진로와 관련한 고민도 물어 온다. 3학년부에서 올해의 지향으로 정한 '품격'에 어울리는 말과 행동을 한다. 사실 이 녀석은 작년에 현천에 왜 왔냐고 물을 때 짓궂은 장난으로 물은 것이 아니었다. "갈 데가 없어서 왔다. 왜?" 하고 장난스럽게 대답했지만 '앞으로 이 선생님께 다가가도 될까?'라는 의미로 들렸다. 그 이후로 내내 이 말이 신경 쓰였다. 현천에 자발적으로 온 게 아님을 아이들이 느낌으로 알 때 나는 어떻게 해야 할까? 뭐 어떻게 하나. 사실이 그런 것을. 그럼에도 내가 할 수 있는 선에서 열심히 하다 보면 그 수준에서 통하는 것이 있겠지 하고 생각했다. 그것이 현천에서의 내 몫이라고 여기며. 항상 "우울해요", "지겨워요"를 입에 달고 징징대며 우울 모드로 지

내던 녀석은 많이 밝아졌다. 늘상 그리던 그림의 분위기도 아직 우울기가 있긴 해도 꽤 밝아졌고 배경색도 밝아졌다. "색깔이 밝아졌네"라고 했더니 "연습을 많이 했어요"라고 한다. 아직까지 징징대는 말을 듣지 못했다.

말만 꺼내면 공격당하던 녀석과 공격하던 녀석들. 서로의 간극을 좁히기엔 아직 시간이 더 필요해 보인다. 공격당하던 녀석은 말을 조심하려는 눈치가 여전히 부족해 보이지만, 공격하던 녀석들의 강도와 빈도는 현저히 줄었다. 불쑥 나오려 하다가도 선생님 눈치를 본다. 수업 시간에 항상 홈베이스에 누워 있다가 끝날 무렵 들어오던 녀석은 이제 아이들을 찾으러 다닌다. 조회 시간이나 수업 시간에 선생님이 늦으면 선생님을 찾으러 온다. 왜 안 오냐며. 일부러 늦게 들어가 봐야겠다.

작년에 다양한 방식으로 존재감을 보이던 4기 녀석들의 지금 이 모습. 낯선 모습에 불안함이 느껴지기도 하지만 자의든 타의든 작년 이맘때의 모습으로 돌아가기엔 너무 많이 와서 크게 불안하지는 않다. 자연적인 성장, 가정적인 성장이 있었겠지만 그동안 교육 공동체가 애썼던 노력을 통한 교육적 성장이 있었음을 눈으로 확인하고 있다. 올해가 끝날 때 즈음 현천 4기 녀석들의 품격은 꽤 높아져 있을 것 같다. 품격에 대해 얘기하며 '지랄도 품격 있게' 하길 바란다고 했다. 요즘은 지랄이 별로 없어 불안하지만 4기 녀석들의 품격 있는 지랄을 기대해 본다.

나의 역사 돌아보기
– 사료 남기기

3학년 한국사 수업 시간에 사료(역사 자료)에 관해 공부하는 시간을 가졌다. 사람들이 살면서 남기는 말, 글, 행동, 만든 것, 그린 것 등등 모든 삶의 자취가 사료다. 학생들이 현천에서 남긴 흔적들이 모두 현천의 역사가 된다는 것을 알려주었다. 그러면서 고등학교 시절을 마무리 할 3학년 2학기를 시작하는 시점에서 현천에서의 자신의 역사를 돌아보며 현재 자신의 역사에 대한 기록, 평가, 소감 등을 작성해 보도록 했다. 자신만의 사료를 남겨 보자는 취지였다. 더불어 3학년으로서 그동안 현천고에서의 생활을 어떻게 생각하고 있는지, 지금 이 순간은 무엇을 중요하게 생각하고 있는지, 간접적으로 알아보고자 하는 취지도 있었다.

수업 집중력이 떨어져 있는 상황이라 그런지 대부분 간단하게 써서 빨리 제출하였다. 그중 몇 가지를 아이들보다 현천살이가 짧은 내가 사료 비판을 통해 해석해 보았다. 녀석들의 기록과 나의 해석, 그리고 나의 기록도 현천 역사의 한 부분이 될 것이다.

> 질문 :
> 3학년 2학기에 들어선 현시점에서 나의 현천살이를 되돌아본다면?

: 2018년 입학하여 많은 고민과 시련을 이기고 2학년에 올라와 학생회 간부로 일하며 수고 많았다. 그리고 졸업을 앞둔 2020년 코로나로 인해 삶이 예전과 많이 달라졌지만 그래도 지금에 만족하며 살다 보면 언젠가 이전의 삶으로 돌아갈 것이라고 생각한다.

스스로 학생회 활동을 열심히 했다고 자부하며 열심히 살아 온 자신을 격려하는 것 같다. 3학년 마무리도 열심히 하고 싶었는데 코로나로 인해 제약을 받는 데 아쉬움을 느끼면서도 포기하지 않고 미래를 생각하는 것 같다.

: 나 ○○○이 있었다. 새로운 역사를 쓰고 갔다.

간단하면서도 뭔가 강렬한 메시지가 느껴지는 글이다. ○○○를 떠올리니 왜 이렇게 썼는지 대략 감이 왔다. 평소 수업 소감을 쓰라고 하면 두 문장 이상 쓰는 일이 없다. 글쓰기 할 때 집중해서 신중하게 쓰는 성향은 아니지만 때론 장난으로 쓰면서도 메시지를 담는 경우가 종종 있다. 그래서 물어봤다. 구체적으로 어떤 역사를 남겼는지를. 말로 다 표현할 수 없단다. 곳곳에 흔적으로 남겨 놓았다고 한다. 1학년 때는 화려한 나날들을 보냈다며, 여기저기 자기가 만들거나 해 놓은 것이 많다고 한다. 부수고 망가뜨려서 변상 조치해 놓은 것도 많고, 남들이 잘 모르게 바꾸어 놓은 것도 많다고. 짧은 한 문장에 내가 다 이해하지 못할 여러 의미가 담겨 있는 것 같다.

: 우리 현천은 공동체를 많이 추구하는 학교이며 다양한 생각을 가진 아이들과 항상 의사소통을 해서 문제를 해결하는 곳이다. 9월 23일

부터 9월 28일까지 (대학)수시 접수가 있다. 그래서 아이들이 많이 바쁠 것 같다. 특히 자소서(자기소개서) 쓰는 것에 아이들이 스트레스를 많이 받고 있다.

이 아이가 평소 현천고 학생이라는 것에 자부심을 갖고 있음을 느꼈다. 공감 소통 활동을 할 때면 자주 공동체와 의사소통을 강조하고 그것의 의미를 중요하게 표현하는 것을 들었기 때문이다. 자신의 사료 남기기 활동에서도 공동체와 의사소통을 강조한 것을 보니 현천살이를 통해 공동체 의식과 의사소통의 중요성만큼은 잘 익힌 것 같다. 친구들을 이해하는 폭이 넓어진 것이니 졸업 후에도 사회를 이해하는 폭이 넓을 것이다. 그리고 늘 그래왔듯이 이 순간에도 자소서로 스트레스 받을 친구들의 어려움을 생각하고 있다. 기특한 녀석이다. 남이 아닌 나와 연결되어 있다고 믿고 있기에 가능한 일이 아닐까 한다.

: ○○년 ○월 ○○일. 코로나 팬데믹이 시작된 지 ○○일 째. 모든 외출은 금지되었고 학교 일정은 대폭 감축되었다. 밖으로 나갈 수 없는 우리 학생들은 밤만 되면 배고픔에 아우성친다. 간간이 찾아오는 외부인들의 구호 물품만이 우리의 살길이다.

코로나로 제한된 삶과 학교생활을 시처럼 엮어 냈다. 어떻게 보면 영화 한 장면의 자막처럼 느껴지기도 한다. 언젠간 지금의 코로나 상황을 그려 낸 영화가 만들어질 것이라고 생각한다. 기숙사와 학교 울타리에 갇혀 배고픔과 답답함을 토로하는 학생들 모습에 안타까움이 밀려든다. 학생들의 이런저런 답답함을 어떻게 뚫어 줄까 고민하는 선생님들의 모습도 눈에 선하다. 그런데 마지막 문장은 이해가 잘 안 된다. 녀석은 누구로부터 어떤 구호 물품을 어떻게 받았다는 것인지…….

: ○ 1학년 : 음주, 퇴사, 학폭
  - 평가 : 위태하게 살아옴
○ 2학년 : 열심히 공부함, 연애함
  - 평가 : 점수가 조금씩 오름
○ 3학년 : 대학 준비 중
  - 평가 : 점수가 가장 좋고, 대학은 너무 어렵다.
○ 소감 : 2학년 때라도 정신 차려서 다행이다.

현천고에 입학했을 때는 아직 철부지였던 것 같다. 그래도 스스로 위태했다고 생각하는 것을 보면 고민은 많았던 듯하다. 그런 과정을 거쳐 스스로 평가하듯 점차 정신을 차리고 공부에 관심을 갖고 연애도 하고. 짧은 시간에 많은 인생 공부를 한 것으로 느껴진다. 그리고 지금 진로와 진학 문제를 마주하며 다시 고민하고 있다. 앞으로 어떤 선택을 통해 어떤 길을 어떻게 걸어갈지 모르지만, 현천에서의 경험이 나쁘지 않은 것으로 느껴진다.

: 친구들의 횡포에 현천고에 온 사실이 후회스러웠는데, 점점 친구들이 변화해 가는 과정을 보며 그렇게 나쁜 친구들은 아니었다는 것을 알게 되면서 나 또한 적응을 잘한 것 같습니다. 마무리가 깔끔했으면 좋겠는데… 코로나… 하…….

1,2학년 때 난폭한 친구들을 보며 힘들어했던 모양이다. 녀석들은 나도 2학년 때부터 함께하고 있다. 나는 한두 걸음 밖에서 보고 있지만 이 녀석은 밤낮으로 마주하며 겪어 냈을 터이니 내가 이해 못 할 맘고생도 컸던 것 같다. 그렇게 성장하는 친구들을 보며 녀석도 함께 성장한 것 같다. 큰 갈등이나 사고 없이 이렇게 함께 성장하는 것이 현천 교육의 한 축이라 생각한다. 그런데 잘 겪어 내면 다행이지만 정말 누군가에게는 큰 상처가 남을 상황이거나 공동체에 감당하기 힘든 피해를 입히는 경우는 어떻게 대처해야 할지, 어디까지 어떻게 품어야 할지는 고민이고 늘 따라다니는 숙제다.

6명의 아이들의 이야기를 바탕으로 한두 걸음 떨어져 있는 입장에서 분석하고 해석해 보았다. 문득 1학년 때부터 지금까지 이 아이들과 가까이서 부대끼며 지내 온 선생님들은 어떤 느낌일지 궁금해진다. 그리고 짧은 글의 내용만 보고도 누구의 이야기인지 알 수 있을까 하는 궁금증도 생긴다.

: 원치 않게 원하는 학교에 왔다며 시작한 현천살이.
꽤 익숙해진 것 같으면서도 아직은 어색함이 많은 현천살이.
내가 익숙해진다는 것은 현천의 삶이 느슨해지거나 정형화되고 있다는 것은 아닐까 하는 고민이 드는 요즘이다.

나도 그간의 현천살이를 돌아보며 지금의 느낌을 생각나는 대로 써 봤다. 차차 곱씹으며 저 고민을 가다듬어 봐야겠다. 함께하는 동료들의 글에서 해답들을 얻을 수 있을 것이다.

벽화와 함께
조립식으로 완성된 현천살이 1

현천을 생각하면 떠오르는 것이 무엇이 있을까? 다양한 아이들과 다양한 선생님들 그리고 다양한 프로그램들과 다양한 시설들이 마구 떠오른다. 이것들을 하나하나 열거만 해도 몇 장은 될 것이고 한 문장씩만 풀어내도 책 몇 권은 될 터이다.

문득 내가 근 2년 동안 현천의 구성원으로 생활하며 현천을 얼마나 경험했을까 하는 생각을 해 보았다. 개인적인 사정으로 현천에 오롯이 녹아들지 못함으로 인한 아이들과 선생님들에 대한 미안함과는 별개로, 현천을 제대로 느끼고 경험하지 못하는 아쉬움이 항상 따라다녔다. 그래도 뒤돌아보면 이번 2020년 2학기 통합 기행의 벽화 그리기로 대부분의 현천 교육 활동은 얼추 경험한 것 같다. 그동안 수박 겉핥기식으로 참여한 것도 많았지만 말이다.

'주 열기'와 '주 매듭'•. 일종의 조종례지만 이름부터 심상치 않다. 뭔가 알차고 짜임새 있게 시작하고 마무리하는 느낌이었다. 한 시간이 배정되어 있으니 그것을 다 교사가 주도하지는 않을 것이고 학생들이 자발적으로 만들어 갈 것이라고 생각했다. 부담임으로 담임 샘과 함께 아이들과 동그랗게 둘러앉아 주말의 삶을 얘기하고 이번 주 학교생활에 대한 기대, 걱정 등을 함께 나누는 모습은 신선했고 의미도 있었다. 문제는 매번 한 시간을 알차게 채워 나가기는 힘들다는 것. 그래도 쉬어도 가면서, 산책도 하면서, 사진도 찍으면서, 군것질도 하면서 학급 아이들과 다양하게 소통할 수 있어 괜찮은 시간이었다.

한 달에 한 번 있는 '달 매듭'●●은 보고 퇴근해야지 하면서도 이상하게 때마다 일이 생기거나 시간을 만들지 못해 작년에는 겨우 한 번 참여했다. 방과 후 아이들의 삶을 보고 느낄 수 있는 기회라 생각했는데 왜 그리도 달 매듭과 인연이 없었는지 지금도 아쉬운 마음이다. 올해는 코로나19 사태로 인해 더더욱 경험할 기회가 없었다.

생각하는 삶, 표현하는 삶, 꿈 너머 꿈 시간은 처음엔 꽤나 벅차게 느껴졌다. 재미있고 의미 있는 교육 과정이라는 느낌에 설렘으로 벅차기도 했지만 어떤 활동을 통해 의미를 담아낼까 하는 걱정으로

● 민주적인 학교 문화에서 중요한 것 중의 하나가 구성원 간의 신뢰를 바탕으로 한 수평적인 관계 형성이라고 할 수 있다. 이러한 관계 형성을 위해 본교에서 일상적으로 사용하는 방법이 '서클'이다. 서클은 둥글게 원형으로 모여 서로 이야기를 나누고 소통하며 관계를 맺는 방식이다. 서클의 기본은 만남이다. 만남 속에서 서로의 이야기를 들으며 공동체와 연결해 간다. 서클에서는 한 번에 한 사람씩만 이야기하기 때문에 다른 사람의 이야기를 깊이 있게 들을 수 있고, 말하는 사람도 존중받는 가운데 자신의 생각이나 필요 등을 말할 수 있다. 이처럼 신뢰 서클은 사람 사이의 깊은 만남과 관계 형성에 중점을 두어 개인과 공동체가 함께 성장할 수 있도록 한다. 본교에서는 이러한 목적을 달성하기 위하여 매주 월요일의 '주 열기'와 금요일의 '주 매듭'의 형태로 신뢰 서클을 운영하고 있다.

●● 달 매듭은 매월 마지막 날에 전교생이 모여 한 달 동안 본인이 해 온 일을 발표하거나 동아리 소개나 본인의 특기, 또는 스스로 반성할 일 등을 발표한다. 이를 통해 자신의 지난 시간을 돌아보고, 다른 친구들의 지난 시간에 비추어 자신을 반성하며 스스로 성장의 기회를 삼는다.

벅차기도 했다. 처음에는 어떤 프로그램을 통해 생각을 이끌어 내고, 어떤 프로그램으로 무엇을 어떻게 표현해 내도록 해야 할까, 또 꿈 너머 꿈은 하루 종일 아이들을 어떻게 지도해야 할까 걱정과 고민이 많았다. 현천을 보는 시야가 좁았던 터라 그랬을 것이지만 돌아보면 그런 고민을 하는 것이 초심이 아닐까 한다.

열심히 적응해 가다 맞닥뜨린 1학기 통합 기행. 여기저기 얘기를 들어보면 통합 기행은 현천 교육 활동의 꽃이라 불리는 것 같다. 하긴 모든 학생과 교사들이 함께하는 교육 활동이자 개학과 동시에 준비되는 활동이다 보니 꽃이라 불릴 만하다. 3박 4일간 1학년은 자전거 기행, 2학년은 도보 기행, 3학년은 마을 봉사를 한다. 몸으로 겪어 내야 하는 활동이지만 다양한 변수들이 있어 준비 또한 세심해야 하는 프로그램이다. 그러나 무엇보다 나에게 다가온 걱정은 3박 동안 집을 비워야 한다는 것이었다. 물론 다른 학교에 있었어도 수학여행을 가면 그 정도는 비우지만 늘 현천에 부담을 갖고 있는 집의 입장에서 보면 녹록지 않았다. 가끔 기숙사 당번을 할 때와는 다른 차원이랄까? 앞뒤로 열심히 가사를 분담하기로 하고 약간은 들뜬 마음으로 통합 기행의 첫발을 내딛었다. 작년 도보 기행의 압권은 아이들이 규칙을 정하면서 욕 구간을 설정한 것이었다. 이건 뭐지? 다른 샘에게 설명을 듣고 이해했다. 지치고 힘들 때마다 저도 모르게 튀어나오는 몇몇 아이들의 욕 때문에 주변 아이들과 선생님은 또 다른 고통을 느끼고, 이런 문제를 해결하기 위해 아예 힘든 구간에서 욕을 할 수 있게 열어주는 대신 다른 구간에서는 참아 보자는 나름의 대책이었다. 물론 욕 구간은 전 구간이 되었지만 말이다. 그래도 예상했던 것보다 세거나 길지는 않았다.

1학기가 마무리되어 갈 즈음 마주한 꿈날다. 꿈동이가 발표를 하면 퀴즈도 내야 하고 피드백도 해 줘야 하는 만만치 않은 활동이었다. 잦은 선도위원회 참석으로 꿈동이들과 밀접하게 만나지 못해 미안했고 그만큼 꿈 너머 꿈 지도에 부족함이 많았기에, 내 꿈동이를 전체 앞에 제대로 소개하고 날개를 달아 줄 수 있을지 걱정이 컸다. 선도위원회를 자주 하다 보니 아이들로부터 '순도위원회'라는 별명을 얻었다.

가을쯤에는 1,2학년들과 동해안으로 자전거 기행을 갔다. 1학기 통합 기행 때 1학년들이 떠나는 자전거 기행도 살짝 탐이 났는데 바쁜 일상 속에도 내부 결재를 득해 주말을 이용해 학생들과 자전거 여행을 할 수 있는 기회를 얻었다. 사실 주말에도 이어지는 학생들과의 다양한 교육 활동에 참여하지 못하는 미안함을 채우고자 하는 마음도 있었다. 학교에서 횡성터미널까지 자전거로 이동, 횡성터미널에서 버스에 자전거 앞바퀴를 분리해 싣고 속초로 이동했다. 버스로 자전거를 옮기는 것도 처음이어서 나름 신선했다. 속초터미널에서 숙소까지 바닷가를 따라 자전거로 이동하는데 다리를 건너며 아이들과 사진을 찍을 때 상당히 기뻤다. 현천에서 아이들과 몸으로 부대끼며 마음으로 통하는 의미 있는 경험이랄까, 뭐 그런 느낌이었다. 저녁으로 삼겹살을 구워 먹으며 재잘재잘. 남녀를 불문하고 엄청나게도 잘 먹는 녀석들이었다. 다음날 동해안 바닷길을 따라 강릉까지의 여정은 재미있었는데, 강릉에서 횡성휴게소로 가는 버스 시간을 맞추느라 애를 먹었다. 횡성휴게소에서 학교까지 마지막 페달을 밟으며 도중에 헬멧을 안 쓰려는 재영이랑 실랑이를 벌이다 겨우 쓰게 하고는 무사히 복귀. 재영이는 심통이 나서 쓰긴 쓰되 턱 줄을 매지는 않았다. 나중에는 결국 손에 들고 교문을 통과했다. 그 다툼 이후로 재영이와의 관계는 나쁘지 않다.
이쯤 되면 현천 교육 활동의 반은 경험한 것이 아닐까?

벽화와 함께
조립식으로 완성된 현천살이 2

앞에서 2019년의 현천살이를 짧은 파노라마처럼 돌아보았다. 수업 준비하느라 바빴고, 아이들 찾으러 다니느라 바빴고, 시도 때도 없이 교무실 들락거리는 아이들 상대하느라 바빴고, 출퇴근 하느라 바빴던 것 같은데, 그 와중에도 제법 많은 걸 함께하고 배우고 느낀 것 같다.
그럼에도 다시 돌아보니 빠진 것들이 있다. 아이들이 '순도위원회'라고 이름 붙여 준 선도위원회. 질서와 규칙 지키기에 서툰 아이들이 꽤나 있는 현천에서는 선도위원회가 자주 열린다. 일반 학교 기준으로 본다면 선도 조치, 즉 징계에 압박을 받아 자퇴하거나 퇴학을 당하는 수준의 경우도 종종 있다. 현천에서는 스스로 깨치고 일어서길 바라는 기다림과 교육적 믿음으로 여러 단계로 나누어 기회를 준다. 엄중히 책임을 묻는 조치도 있지만 중간 중간 책임 수행이라고 해서 사제 동행을 바탕으로 자신의 잘못을 돌아보고 반성하는 시간을 갖는다. 선생님도 함께하며 학생들을 새로운 관점에서 볼 수 있는 기회가 된다. 학생들 입장에서는 선생님과 몸으로 부대끼면서 함께 고생해 주는 것에 대한 고마움과 미안함을 느끼고 나름의 신뢰를 쌓아 가는 의미도 있을 것이다. 운동장 함께 뛰기, 독후감 쓰기, 학생들과 모여 앉아 명상문 같이 쓰기, 교내외 환경 정화 활동하기, 벌레 잡기와 나방 알 제거하기, 노작 밭과 도구 정리하기, 오일 스테인 칠하기, 함께 걷기, 월동을 위해 연못의 물고기 옮기기 등 여러 활동을 했다.
그런데 고민이 생겼다. 언제부턴가 사제 동행이 거듭나기가 아니라, 선생님 입장에선 업무가, 학생 입장에선 벌칙이 되어 가는 것 같기 때문이다. 보는 입장에 따라 다르겠지만 현천 공동체가 함께 고민해야 할 지점인 것 같다.

작년엔 방과 후에 학생들과 '현천 FC'라는 풋살 동아리를 같이했다. 사실 처음에 현천에 올 때는 학생들이 운동장에서 많이 뛰고 놀겠지 했는데 전혀 아니었다. 운동장에선 아이들 그림자조차 찾아보기 힘들었다. 그 이유는 오래지 않아 알 수 있었다. 운동장에서 살 것이라 생각했던 녀석들은 야행성 동물처럼 낮에는 빛을 피해 숨기 바빴던 것이다. 풋살 동아리를 통해서는 몸으로 부딪치며 정을 쌓기도 했지만 인근 학교와 교류전을 통해 내부 결속을 단단히 할 수 있었다. 둔내풋살경기장에서 친선 경기를 할 때면 아이들이 선생님들을 졸라 삼삼오오 차를 얻어 타고 찾아와 응원을 한다. 풋살뿐만 아니라 티볼, 배구, 배드민턴 등등 스포츠 클럽 대회나 친선 경기가 있으면 어김없이 찾아와 의리를 뽐내는 녀석들을 보며 '현천 살아 있네!'를 느꼈다. 그 와중에도 서로 티격태격 울고불고하기도 하지만 말이다. 그래서 더 살아 있는 느낌이겠지? 올해는 코로나로 사라진 풍경이라 너무도 아쉬울 따름이다.

1학기 교육 활동의 꽃이 통합 기행● 이었다면 2학기 교육 활동의 꽃도 역시 통합 기행, 즉 역사와 진로를 중심으로 하는 '교실 밖 수업 여행'이 아닐까 한다. 전통적으로 1학년은 일본군 위안부 관련 수요 집회를 중심으로 한 서울권, 2학년은 5·18 민주화 운동을 중심으로 한 광주권, 3학년은 진로 활동 관련이 풍부한 대구권을 중심으로 움직였다고 한다. 작년에는 3학년이 방향을 틀어 평화와 통일

● 아이들이 졸업하며 가장 기억에 남는 수업으로 꼽는 활동이 바로 학년별 통합 기행이다. 1학기와 2학기에 한 번씩 실시되는데, 1학기에는 3박 4일간 자전거 기행(1학년), 도보 기행(2학년), 지역 봉사 활동(3학년)이 각각 이루어진다. 이 과정에서 아이들은 자신의 한계와 부딪히기도 극복하기도 하면서 한 뼘 성장한 자신을 만나기도 하고, 배려와 협력, 공동체의 중요성을 다시금 생각하고 또 그 가치를 마음에 담게 된다. 2학기에는 2박 3일간 나라 곳곳으로 배움의 터를 넓혀 3개 학년이 '학교 밖 수업 여행(진로 역사 통합 기행)'을 떠난다. 이때는 학교를 떠나 다양한 진로 체험을 하고 교과별 미션을 수행하며, 역사 현장을 찾아 시간을 거슬러 민중의 역사와 마주하게 된다.

을 주제로 경기 북부권과 인천·강화를 선택하였다. 나는 2학년들을 데리고 광주로 향했다.

2019 교실 밖 수업 여행에서 가장 기억에 남는 장면은 국립5·18민주묘지에서의 일이다. 숲속의 청설모마냥 천방지축 숨을 곳과 먹을 곳을 찾아 날뛰는 녀석들, 진지함이란 손톱만큼도 찾아보기 어려울 것 같은 녀석들도 장엄하게 울려 퍼지는 '임을 위한 행진곡' 선율과 함께 입장하는 행사에서는 분위기에 압도되었는지 입을 굳게 다물고 장난기 어린 표정이 사라졌다. 이어지는 분향과 헌화, 묵념 의식까지 잘 참아 내던 녀석들을 보며 문득 어떤 생각을 하고 있을까 궁금해졌다. 이후 통합 기행 소감문을 통해 장난으로만 지나치지 않았다는 것을 알게 되었고, 교실 밖 수업 여행의 의미를 되새길 수 있었다. 선생님들이 준비하고 고생하는 만큼 기대보다는 더딜지라도 아이들 마음속에는 분명 배움이 일어나고 성장하고 있음을 확인했으니 말이다.

이렇게 두서없이 마구 생각나는 대로 쓰다 보니 웬만한 현천의 교육 활동은 거의 경험하고 함께한 것 같다. 현천의 자랑거리 중 하나인 이루나래 오케스트라 공연도 봤는데 짱 박히기 바쁘던 녀석들이 언제 저런 실력을 갖추었는지 깜짝 놀랐다. 방과 후에도 이런저런 활동으로 바쁜 아이들이고 어떤 아이들은 귀찮아 숨기 바빴을 텐데 실력이 제법이라 놀라울 따름이었다. 지도한 선생님들이나 연습한 아이들이나 대단하고 대견하다.

그런데 아쉬운 점이 하나 있다. 미술 캠프•다. 1박 2일, 또는 2박 3일 횡성의 한 마을로 들어가 마을 시설물에 벽화를 그리는 활동에 한 번도 함께하지 못했기 때문이다. 3학년의 경우 1학기 통합 기행을 나눔의 주제로 마을로 들어가 벽화 그리기와 함께 마을 봉사를 한다. 그러나 나는 2학년 담당이었기 때문에 함께할 수 없었다. 그리고 비공식적으로 진행되었던 두 세 번의 미술 캠프에도 개인적인 사정으로 참여하지 못했고, 게으름으로 격려 방문조차 하지 못했다. 더구나 올해는 3학년 담당이라 벽화 그리기에 참여할 수 있으리라 기대했는데 코로나19의 여파로 1학기에는 무산되고 2학기로 연기했음에도 결국 마을 속으로 들어갈 수 없어 아쉬움이 컸다. 그런데 다행히도 우여곡절 끝에 벽화 그리기에 참여할 수 있게 되었다. 내가 2회에 걸쳐 쓰고 있는 이 글의 제목을 '벽화와 함께 조립식으로 완성된 현천살이'라고 지은 이유가 바로 이것이다. 이번 3학년 통합 기행은 마을로 들어갈 수는 없지만 교내 옥상 벽화를 새로 그리고 현천인들이 자주 이용하는 교외의 마시멜로 언덕 가는 다리에 벽화를 그리기로 했기 때문이다.

• 미술 캠프는 인근 농촌 마을에 3박 4일 동안 머물며, 그 마을의 다리, 마을 입구, 집, 창고, 담벼락 등에 벽화를 그려주는 활동으로, 낡고 휑하던 공간들이 아이들의 손길이 닿아 환하고 정겨운 이미지로 바뀐다. 처음에는 아이들이 하는 활동이라 크게 기대하지 않던 주민들도 벽화로 단장한 마을을 보면서 감탄하고, 이제는 이웃 마을에서 학교에 벽화 작업을 요청할 정도로 인기가 많은 활동이다.

나는 미술에는 소질이 없지만 벽화에 참여할 수 있다는 기대에 부풀었다. 열심히 하려는 마음으로 아이들의 도안을 바탕으로 밑그림 그리기에 나섰다. 허나 곧 실력이 탄로나 밑그림 작업자에서 탈락했다. 대신 사계절을 표현하는 그림 중 봄과 여름에 해당하는 나무를 열심히 칠했다. 벽 긁어내기, 밑바탕 칠하기, 도안 만들기, 밑그림 그리기, 도구 준비하기, 물 나르기, 다양한 색깔 만들기, 물감 날라 주기, 물감 닦아 주기, 간식 챙겨 주기, 가끔 짱 박혀 자기, 장난치기 등등. 얼핏 보면 어수선하지만 그렇게 얽히고설켜 만들어진 벽화는 그냥 그림이 아니라 현천인들의 숨과 땀이 스민 작품이었다.

얼마 전 생각하는 삶 수업으로 체험 학습을 하고 오다 향기마을의 벽화를 지나쳤다. 문득 현천 아이들의 작품이라는 것을 깨달을 수 있었다. 알고 보니 졸업생들이 통합 기행 때 만든 작품이었다. 이번 마시멜로 다리 벽화 작업을 하면서 그런 생각을 했다. 지금 3학년들이 4기. 매년 통합 기행으로 지금까지 횡성군 어딘가 최소 네 군데, 미술 캠프로 작업한 것까지 합치면 여러 군데에 현천 아이들이 남긴 벽화가 있을 것이다. 이대로 한 10여 년 지나면 횡성 곳곳에 현천 아이들의 손에서 탄생한 벽화가 있을 것이고 횡성을 대표하는 명소가 되지 않을까 하는 예견을 했다. 나는 그 예견이 현실이 되길 바란다.

그런데 이 글의 제목에서 벽화와 함께 완성된 현천살이를 조립식으로 표현한 이유는 무엇일까? 조립식을 뺄까 말까 고민이다. 요즘은 조립식도 근사한 집들이 많으니 말이다.

세계 최초
비대면 발표의 교육 현장을 가다! 1
– 2020년 2학기 온라인 꿈날다: 새로운 감동의 시작

현천고에서는 세계 최초로 전교생과 전 교사가 참여하는 온라인 발표가 2020년 12월 24일부터 12월 31일까지 진행됐다. 정말 세계 최초인지는 확인되지 않았지만 적어도 내가 아는 선에서는 세계 최초다.

자신의 꿈을 찾고 다듬기 위한 한 학기 활동, 한 학년 활동, 나아가 3년간의 활동을 정리하여 학교 구성원은 물론 졸업한 선배와 학부모님들 앞에서 발표하고 질문을 주고받으며 피드백을 주는 '꿈날다' 시간이었다. 꿈날다는 '꿈을 발표하는 날 다 함께'의 줄임말이다.

5~6일 동안 앉아서 발표를 듣는 것이 쉬운 일은 아니다. 지루함을 견디지 못해 들락거리고 잠을 청하고 잡담하는 아이들이 제법 있지만, 중간중간 던지는 질문은 날카롭기도 하고 떨리는 목소리로 전하는 피드백은 의미심장하다. 날것, 덜 익은 것, 제법 잘 익은 것, 거친 것, 부드러운 것, 제멋대로인 것들이 어우러져 민망함을 주기도 하고, 웃음을 자아내기도 하며, 눈물을 흘리게도 하고, 박수갈채가 터지게도 한다.

그러나 2020년 꿈날다는 그런 모습을 직접 볼 수가 없었다. 코로나19의 확산세가 심상치 않아 전면 원격 수업으로 전환되어 비대면 온라인으로 진행됐기 때문이다. 화면 속의 목소리나 간혹 심혈을 기울여 자신의 모습을 드러내 전하는 영상 속의 모습을 통해 간접적으로 느낄 뿐이었다. 온라인 수업 카페에 꿈날다 발표 자료가 올라오면 그걸 보고 선생님과 학생들의 질문이나 피드백, 그리고 그에 대한 발표자의 답변이 댓글을 통해 오고 간다. 생동감은 떨어지지만 화면을 뚫고 가슴으로 새겨지는 감정은 오프라인 못지않다. 그렇게 온라인으로 진행되는 꿈날다의 시작을 알리고 협력으로 진행되는 선생님들의 카카오톡 대화 내용을 옮겨 봤다. 코로나도 막지 못하는 현천인들의 꿈을 향한 도전과 열정이 새롭게 재탄생하는 감동적인 온라인 꿈날다의 서막이다.

조○○ 선생님
[행복자람부장 옆자리 일일 자람부 계원 알림]
동영상 업로드에 어려움이 있는 선생님들께서는, 오늘 2시 전에 아이들의 동영상을 arttr**@naver.com으로 보내 주시기 바랍니다. 유튜브에 업로드하고 일부 공개한 동영상 링크를 보내드리도록 하겠습니다^^ 메일 보내신 뒤 카톡 주시면 감사하겠습니다^^

김○○ 선생님
(조○○에게 답장) 오늘도 많이 감사합니다.^^

지○○ 선생님

온라인 세상에서 안 살래! 핏대 세웠던 2인(장○○, 지○○) 중 1인인데요, 그런데… 음… 요것도 나름 재미지네요~ㅋ ○○○○에 계신 나머지 1인 얼른 온라인 세상으로 놀러 오세요^^

장○○ 선생님

(지○○에게 답장) 그래도 사람 모습이 그리워지네요. 아무튼 나름 재미있게 보고 있습니다.ㅎㅎ 모든 샘들의 지혜가 모여 이렇게 시작되는군요.

지○○ 선생님

요게요, 학교에서 했을 때엔 발표나 피드백이나 어쩔 수 없이 금방 공기 중으로 휘발돼 버렸잖아요? 그런데 별처럼 많은 댓글들이 포도송이처럼 주렁주렁 계속 매달려 있으니까, 완전 달콤해요~

김○○ 선생님

선생님들. 2그룹 발표 자료 올라가는 시간은 11시 10분입니다. 제가 대기하고 있다가 10시 50분에 게시 안내를 하면 그 이후에 올려주십시오~~

(중략)

박○○ 선생님

오늘 하루 처음 해보는 온라인 꿈날다 하시느라 모두들 애쓰셨

습니다. 나름 의미 있는 시간이었습니다. 고맙습니다. 메리 크리스마스~~

박○○ 선생님
저는 아직 1그룹 것밖에 시청 못 했지만 ○○ 쌤 말처럼 댓글 포도송이 주렁주렁 매달린 모습이 보기 좋네요. 제 꿈동이 ○○○도 어제 발표 자료 대충 보냈다가 호되게 혼 좀 나고… 오늘 다른 친구들 발표 영상 보면서 자기 스스로 '열' 받았습니다. 발표가 멋있다나… 어쩌구저쩌구 하면서… 어떤 발표를 할지 모르겠지만 말예요~~ 메리 크리스마스~~

김○○ 선생님
원격 수업으로 진행하는 꿈날다 1일차, 꿈동이들 챙기시랴 발표 자료 업로드하랴 피드백 포함 댓글 다시랴… 모두들 고생 많으셨습니다. 건강하고 따뜻한 해피크리스마스 보내시고, 다음 주에 또 열심히 달려 보아요. 감사합니다.

이렇게 1일차 온라인 꿈날다 발표가 시작되었다.
발표 자료가 올라오기 무섭게 댓글로 피드백을 다는 녀석, 찬찬히 보고 신중하게 고민한 흔적이 느껴지는 댓글을 다는 녀석, 추억을 소환하며 동질감을 느끼고자 하는 녀석, 의미 없어 보이지만 사실은 힘겹게 마음을 내어 발표를 보고 듣고 있음을 알리는 녀석 등 다양한 댓글들이 이어진다. 때로는 앞서 발표한 자료를 보고 자신의 나태함을 느꼈는지 다시 발표 자료를 만드는 녀석까지. 발표 자료와 시나리오 정도만 올리는 아이들이 많을 거라 예상했는데 정말 예상외로 대부분 자신의 목소리로 영상을 찍어 발표하였다. 늘 해왔고 앞으로도 그럴 것이라는 믿음과, 혼자가 아닌 여러 명도 아닌 모두가 함께하는 것이기에 가능한 것이리라. 거기에 3년을, 2년을, 1년을 지켜본, 아니 옆에서 함께한 선생님들의 가벼운 듯 무겁고, 우스운 듯 진실한 댓글들이 더해져 아이들은 성장하고 서로에게 힘이 되어 주며 그렇게 꿈 너머 꿈은 한 번 더 비상하고 있었다.

세계 최초
비대면 발표의 교육 현장을 가다! 2
– 2020 2학기 온라인 꿈날다: 댓글로 본 꿈날다

온라인 꿈날다에 주렁주렁 달리는 댓글들을 보며 간단하게 주고받는 피드백이지만 곳곳에 현천 삶의 흔적들이 고스란히 배어 나옴을 느꼈다. 무미건조할 것처럼 생각되었던 온라인 꿈날다. 아이들도 영상으로 발표 자료를 만든다는 것을 생각지도 못했다는 반응. 그래서 PPT와 시나리오 정도 만들어서 올릴 것으로 생각하였다. 그런데 그 이상이었고 발표가 진행되면서 달리는 댓글과 피드백은 또 그 이상이었다. 많은 아이들이 긴장하면서도 때로는 담담하게 현천에서의 삶을 풀어놓았다. 그러고는 서로에게 다가갔다. 인터넷 속 활자지만 망막을 거쳐 바로 뇌로 가는 것이 아니라 마음을 거쳐 가는 느낌이었다.

그래서 고민이 시작되었다. 이 댓글들을 인터넷 세상 속에만 가둬 놓는 것이 아깝다는. 고민 끝에 이 댓글들을 모아서 글로 남기는 것이 좋겠다는 생각이 들었다. 그런데 이 수많은 댓글들을 어떻게 정리할까? 무작위로 몇 명 뽑아서 그 학생의 발표에 달린 댓글들을 모아 볼까? 내 꿈동이들의 댓글들을 모아 볼까? 댓글이 가장 많이 달린 학생의 댓글을 모아 볼까? 학년별로 한 명씩 뽑아서 모아 볼까? 답글을 성의 있게 단 학생들의 댓글을 모아 볼까? 등등 어떻게 할지 또 다시 고민이 되었다.

고민 끝에 댓글에 답글이 달리는 글들을 모아 보기로 했다. 성의 있게 주고받은 댓글과 답글 그 자체로 현천의 모습을 느끼고 상상할 수 있을 것이기 때문이다. 그런데 이런. 복사가 되지 않는다. 이 수많은 댓글과 답글을 일일이 옮겨 적는 것은 엄두가 나질 않는다. 또한 작성한 사람들의 저작권도 생각해야 할 일이다. 그래서 다른 댓글들은 포기하고 내가 단 댓글과 그에 대한 답글이 오고 간 내용 중 몇 가지만 옮겨 정리해 봤다. 선생님들이 단 댓글과 그에 대한 답글을 모으면서 현천 여러 해 살이의 다양한 모습을 새롭게 보여 줄 책이 되지 않을까 하는 생각도 해 본다.

12월 24일 1그룹 곽○○

댓글: 한편의 움직이는 스케치네~ 발표를 듣다보니 2학년 때 교실 밖을 배회하며 그네에 많이 앉아 있던 ○○이 모습이 떠

오른다. ○○이가 자신에게 한 말 그대로 나도 ○○이에게 해 주고 싶다. 수고했다~! 어떻게든 살아갈 테니 걱정 말고 곱배기로 살아갈 ○○이의 미래를 응원하마~ 아자!

↳ 수업 시간에 항상 그네에 있었죠.ㅎㅎ 말씀 감사합니다.^^ 이제 정말루 알아서 잘할 게요.ㅋㅋㅋ><

12월 24일 1그룹 김○○

댓글: ○○이 오랜만이네~ㅎ. "익숙함에 속아 소중함을 잃지 말자"는 말을 새기게 된 구체적인 계기를 알 수 있을까요? 또는 어떤 경우를 말하지는 궁금합니다.

↳ 3년이라는 시간을 되돌아보니 현천이라는 공간이 어느 순간부터 익숙해졌다는 것을 느꼈고, 현천만큼 좋은 곳이 많이 없을 텐데 익숙함이라는 감정으로 현천 생활을 매듭짓지 못한 것 같았고, 지금 이 순간만이 아니라 다른 상황에서도 잊고 싶지 않은 문구이기에 새기게 된 것 같습니다.

↳ 돌이켜보니 2학기 말에 다시 익숙함으로 빠져든 것 같다는 생각이 든다. 정말 얼마 남지 않은 현천의 생활 소중함으로 마무리하길 바라 본다.

12월 24일 1그룹 안○○

댓글: 샘이 작년에 처음 학교에 와서 강원학생교육원으로 공감소통 갔을 때 대학 동기의 딸이 있다고 해서 누구일까 궁금했는데, 생각보다 긴 시간이 지나서 알았어. 그가 ○○이였어.^^ 2학년 때 처음 만났을 때는 말수도 적고 꽤나 내

성적이라 말도 제대로 붙여 보지 못했는데, 2학기 말로 가면서 눈을 마주치는 경우가 많아졌고 3학년 때는 마주보며 대화하는 기회가 많아졌다. 많은 만남과 대화를 한 것은 아니지만 샘의 단상이 ○○이가 성장한 모습 아닐까? 샘은 작년 이맘때 ○○이의 꿈날다 발표가 생각난다. 이제는 하늘을 봐~

↳ 쌤이랑 같이 대화하면 편한 느낌이 들어서 좋았어요. 항상 곁에서 저 지켜봐 주셔서 너무 감사했고 올해 쌤이랑 같이 얘기해 볼 수 있어서 좋았어요. 항상 감사합니다!

12월 24일 2그룹 전○○

댓글: 작년에 수양딸이라 했으면서도 많이 친해지지 못해 아쉬웠다. ㅎㅎ 나서지는 않지만 그렇다고 숨지도 않고 늘 어디서나 묵묵하게 자신의 자리를 지키며 다른 사람을 빛나게 해 준 ○○이. 그런 ○○이는 스스로 빛나고 있었다. 앞으로도 더욱 빛나리라 믿어 의심치 않는다.^^

↳ 늘 웃는 얼굴로 장난도 쳐 주시고… 사실 제가 잘 못 받아 드린 것도 있는데… ㅎㅎ 그래도 좋았어요. 그리고 저도 많이 친해지지 못해 아쉬워요.ㅜ 좋은 말씀 감사합니다!

12월 24일 3그룹 김○○

댓글: 이렇게 보니 귀엽고 깜찍한 ○○이가 아니라 왠지 신비한 느낌이 나는데? 목소리도 새롭다. ㅎㅎ ○○이의 지난날을

차분하게 풀어내는구나. 베풀 줄 알고 감사할 줄 아는, 그리고 겸손한 ○○이의 모습이 새록새록 묻어난다. 스스로 빛나고 다른 이들에게 빛이 되는 ○○이가 되리라 믿는다!

↳ ㅋㅋㅋㅋㅋㅋㅋ 순도 쌤. 선생님 덕분에 제가 지금 긴장했다가 웃네요. ㅎㅎ 일단 좋은 말씀 감사합니다. 선생님 저희 4기 한국사 이해가 잘 되게 설명해 주셔서 감사합니다. 선생님 짱이에요!! >u< 저 이제 '한국사 자격증' 한번 도전해 보려구요!! 모르는 부분이 있으면 연락드려도 되죠? 선생님 제가 졸업해도 자주 연락해요. 그래서 한번 식사 같이 했으면 좋겠습니다!! 항상 감사하고 사랑합니다.♡.♡

12월 29일 1그룹 김○○

댓글: 난 뭐했니? ○○의 노래를 들어보지 못했다. 잘했니? 잘못했다. 그래서 아쉽다. 뭐 할꺼니? ○○에게 피드백이라도 해 줘야지. 유튜버 느낌이 나는 걸? 그리고 노래는 ○○가 부른 거 맞지? 이렇게라도 ○○의 노래를 듣게 되어 정말 다행이다. 음악과 거리가 먼 샘이지만 정말 듣기 좋은데! 진심이야. 얼마만큼인지 알려줄까? 샘은 커피 잘 안 마시는데 커피 한 잔 생각날 정도다.

코로나로 학생 자치회 회장으로서 가졌던 포부를 제대로 펴지 못한 것 같은데 굴하지 말기 바람~! 현천고는 상대적으로 학생 자치회의 권한이 큰 곳이야. 현천고의 학생 자치회 활동이 타 학교의 등대가 될 수 있다는 것 명심하고 멋지게 활동하기 바란다~!

↳ 오우 선생님 진짜 감동입니다. 커피 한 잔 생각난다는 이야기를 듣는데 엄청 큰 칭찬인 것 같아요.ㅠ 그리고 야깐의 유튜브처럼 했는데 역시 잘됐나 봅니다. 감사합니다. 〈3

12월 29일 1그룹 권○○
댓글: 이번 꿈날다는 ○○이와 ○○이의 댓글 퍼레이드가 백미인 것 같다. 매번 제일 먼저 상큼한 맛을 선사하는 ○○이의 열매와 마지막에 무슨 맛일까 궁금증을 자아내며 달리는 ○○이의 열매. 이것을 즐기는 것도 이번 온라인 꿈날다를 즐기는 방법 중 하나!
그동안 ○○이의 삶을 다큐멘터리처럼 보여 주었네. 내년에 졸업할 때쯤이면 한 편의 영화가 만들어지지 않을까? 아, ○○이는 내가 누군지 알까? 나는 한국사 샘인데 4층 교무실에 있단다. 형운 샘이 2학년 수업을 해서 나는 교실에서 만날 기회가 없었지.
질문해도 될까? ○○이는 항상 가방을 메고 다니는 것 같은데 그 속에 가장 소중한 것은 무엇일까? 그리고 우리, 같은 시간은 아니었지만 같은 공간을 거쳐 여기 왔네. 샘은 2006~2007년에 강릉농공고, 지금의 강릉중앙고에 있었거든.^^
↳ 가방에는 신문지, 밴드, 나무젓가락, 줄자, 정강이 보호대 등 일어날 일들을 상상하면서 집어넣어서, 물건이 아닌 그걸 집어넣었을 때 든 생각이 가장 소중한 것 같아요. 그리고 요즘엔 피글렛이라는 캐릭터 고리가 가

장 소중해요.

↳ 빙고! 생각이나 꿈 뭐 이런 거 넣고 다닌다는 답이 나오지 않을까 은근 기대했는데 맞아떨어졌네. 물건도 예사롭지 않고. ㅋ 꿈도 마구마구 집어넣고 다녀~ 그러다 어깨가 무거워질 때 하나둘 버리면 되니까~

12월 29일 1그룹 박○○

댓글: 작년에는 가끔 원주 함께 가면서 나름 대화도 주고받고 친해지는 듯했는데 올해는 코로나 때문에 그런 시간마저 없었던 것 같다. ○○이는 ○○이의 위치와 현천에서의 위치 사이에서 자리를 잘 잡았다고 생각한다. 어른스러움을 보이면서도 개구쟁이 같은 모습도 보이고, 선후배와 잘 어울리려 노력하고 형 동생 사이에서도 중심을 잡으려고 했던 것 같고.

○○이는 월요일 아침 가장 먼저 만나는 학생이기도 하지? 현천의 한 주를 먼저 맞는 학생이기도 하다는 뜻이네. 남은 1년은 현천의 월요일 아침을 어떻게 맞이할까를 생각하며 그 너머 ○○이의 꿈도 함께 찾는 시간이 되길 바란다~!

↳ 항상 선생님을 볼 때마다 무심한 듯 툭툭 건네주셨던 말들이 참 한마디 한마디 따뜻했습니다. 인심 좋은 마을 놀러 간 기분이에요. ㅎㅎ 그러게요. 작년에는 그랬는데 올해는 이렇게 저렇게 만날 기회가 적었어요. 그래도 선생님 뵐 때마다 기분이 좋아요! 매주 행복한 한 주를 맞이하는 학생이 되어 보겠습니다. 감사합니다, 선생님!

12월 29일 1그룹 박○○

댓글: 발표 첫 목소리 나오는 순간 ○○구나! 느낌이 오네. 미소가 드는 친근한 목소리여서…^^ 샘을 야속하게 생각해도 할 수 없지만 ○○가 실장인 걸 몰랐어. 샘은 ○○가 조용하고 내성적이어서 앞에 나서는 걸 싫어하는 줄 알았거든. 샘의 편견이기도 하지만 말이다. 1학년 생활과 경제 시간에 수업 활동지에 항상 꼼꼼하게 빼곡하게 수업 내용과 수업 소감을 기록하던 모습이 생각난다. 현천에서 그렇게 ○○의 꿈도 꼼꼼하게 채워 가길 바란다.

○○가 장단점 물어보러 다녔잖아? 그중에서 ○○에게 가장 와닿는 장점과 단점을 한 가지씩 답해 줄 수 있을까? 샘은 학생들이 장단점 물어오면 난감할 때가 많거든. 잘 모르기도 하지만 장단점 말하는 것에 익숙하지도 않아서… 그래서 궁금하기도 해.

↳ 아니에요.ㅠ 그렇게 생각할 수도 있지요! 사실 예전에 저는 앞에 나서는 걸 좋아하지 않았어요!! 그러다가 제가 생각하기에 가장 와닿은 장점은 다른 사람들 잘 배려해 준다는 것이었고! 단점은 자신감이 부족하다는 것이었는데! 자신감을 키우고 싶은 마음에 반장도 하고, 여러 가지 활동도 적극적으로 한 거였어요.ㅠㅠ 앞으로도 좋은 모습 많이 보여 주는 제가 되고 싶네용~^

↳ 그렇구나. ○○도 계획이 있었구나. 그리고 계획에 그치지 않고 실천에 옮겼구나. 바로 고거지. 뭐가 중한디!

우연과 필연 사이, 우리 사이~♡

지화도

얼죽아(얼어 죽어도 아이스커피)라고? 워메! 그렇다면 난 타죽현이지. '타 죽어도 현천'. 그런대로 아직은 안 탔고, 나름 생기발랄한 도화지랍니다.

R과의
야담(夜談)

야담(夜談)-밤을 틈탄 정겨운 이야기 나누기.

흔히는 '상담 활동'이라 부른다나 뭐라나.

오늘은 R을 만났다. R을 안 지 올해로 3년이다. R이 1학년 이던 시절부터 수업을 했고, 올해는 어떤 인연인지 담임으로 만나게 되었다. 수업으로 만나 오던 R과 담임이 돼 만나는 R은 비슷하면서도 살짝 다른 느낌이다. 어쩌면 나와 R이 서로를 어느 정도 의식하면서 제 딴에는 잘 보이려고 싱거운 연기를 하고 있는지도 모르겠다.

R은 자리에 앉기도 전부터 싱글벙글 웃고 있다. 평상시에도 잘 웃는 편이라 뭐 그리 대수롭진 않았지만, 은근히 이유가 궁금해졌다.
"뭘 그렇게 웃어? 내가 뭐 웃기게 했어?"
"아니오. 그냥 선생님이랑 단둘이 얘기 나눈다는 게 재밌을 것 같아서요."
"엥! 요거 나름 상담이야. 몇몇 친구들은 긴장하기도 했는디."
"괜찮아요. 전 그냥 재밌기만 할 것 같아요. 신경 안 쓰셔도 돼요."
헐! 갑자기 상담자와 내담자가 뒤바뀌는 듯한 이 아리송한 느낌은 뭘까? 여하튼 R은 우리의 야담이 깊어지면서 솔직한 이야기들을 끄집어내기 시작했다.

"저는 요즘 자존감을 높이기 위해 굉장히 의식적으로 노력하고 있어요."

"왜, 자존감이 낮다고 스스로 생각해 온 거야?"

"예, 저는 자존감이 낮은 게 아니라 거의 없었다고 해도 과언이 아니에요."

"그 정도인 줄은 모르고 있었네. 그런데 자존감을 높여야겠다는 계기나 깨달음이 있었어?"

"예, 저는 항상 S라는 친구가 부러웠어요. S는 리더십도 있고 말도 잘해서 친구들뿐만 아니라 선생님들에게까지 칭찬을 자주 듣곤 하는데, 그래서 그 친구와 얘길 해 봤더니 자존감이 엄청 높더라고요!"

"그러면 S가 부러워서 자존감을 높이겠다는 거야?"

"아니오, 부러워서라기보다는 S는 높은 자존감을 바탕으로 특별히 주변의 눈치도 보지 않고 신념대로 당당히 행동하는 것인데, 제가 늘 이 점이 나름 큰 고민이어서 마음이 불편했어요. 그래서 이제부터라도 S의 면모를 본받아 저도 당당해지고 싶은 거예요."

"오호라! 너도 다 계획이 있었구나."

R은 점점 더 진중해져서 가장 내밀한 속내를 꺼내놓고야 말았다.

"저는 외로웠어요. 이야기 나누는 걸 좋아하는데, 지금까지 편하게 솔직하게 제멋대로 이야기를 나눠본 적이, 또 그럴 누군가가 없었어요."

"부모님은? 친구들은? 그렇다고 내가 본 너는 왕따는 아니던데."

"왕따는 아니지요. 하지만 부모님과도 사이가 썩 좋은 것도 아니고, 친구들과도 깊이 있는 이야기는 잘 나눠 보지 못했어요."

"관계의 문제? 아니면 용기의 문제? 아니면 너도나도 모르는 그 어떤 특수한 문제?"

"잘은 모르겠어요. 하지만 지금 곰곰이 생각해 보니, 종합적인 이유로 그래 왔던 것 같아요. 아까 말씀드렸던 낮은 자존감도 추가해야 맞겠고요."

"그러면 앞으로 어떻게 하면 좋을까?"

"올해가 현천에서의 마지막 고교 시절이잖아요. 그래서 저는 용기도 내고 의식적으로 바라는 행동도 하면서 고칠 거예요. 제가 원해서 온 학교이기에 저 스스로 마음이 흡족한 상태에서 졸업하고 싶어요!"

"그래서였구나! 너가 졸업준비위원회에도 신문 편집부에도 성큼 발을 들여놓은 이유가 말이야."

"하하하, 역시 선생님은 다 알고 계셨군요? 맞아요, 최대한 바쁘게 생활하고 싶어요. 메모장도 늘 손에 쥐고 다니면서 이것저것 빠짐없이 실천할 수 있게끔 저의 오래된 낡은 습관을 고칠 거예요."

"하긴 이제사 말하지만, 너의 깜박깜박은 학교에서도 알아주잖아. 푸하하!"
"맞아요. 지금까지 그게 저였다고 할 수 있지요. 한마디 변명조차 할 수 없을 만큼요. 헤헤헤."
"너 참 솔직해서 좋다! 우리 자주 여기저기에서 행복한 야담을 나눠 가자꾸나. 히히히."
"안녕히 주무세요."

R과의 첫 야담은 이렇게 끝이 났다. 이 녀석 덕분에 오늘밤은 참 여요하다. 올해 나의 슬기로운 담임 생활은 또 어떤 스토리를 남길지 무지무지 궁금하다.

J와의 야담(夜談)

오늘은 J를 만났다. J는 기숙사에서 쉬고 있다가 헐레벌떡 달려와 앉으면서 "오늘은 무슨 얘기해요? 저 9시 30분부터는 동아리 모임 있어요" 한다.
"오늘은 지난번에 이어 이런 그런 저런 이야기들 주로 섞어서 하다가, 끝에는 대입(진로)에 관한 너의 생각, 계획 등을 물어보려고 해."
"아하! 그런 거군요. ㅎㅎ"
"요즘 생활은 어때? 토요일에 치과 갔던 건 어떻게 됐어?"
"음… 우선 요즘 생활은 나름 괜찮아요. 좀 바쁘기도 한데, 그래서인지 시간이 엄청 빨리 가는 것 같아요. 토요일에 치과 갔던 거는 충치 치료 마지막으로 받은 건데, 이제는 병원에 안 와도 된다고 하시더라고요."
"오호! 이래저래 상당히 괜찮은 흐름이네. 너는 삼시 세끼 꼬박꼬박 챙겨 먹지? 보면 다른 애들은 아침은 그냥 더 자려고 또는 입맛이 별로라고 하면서 건너뛰곤 하는데, 넌 어느 끼니든 급식소에서 다 보이더라고."
"맞아요. 저는 끼니를 거르지 않아요. 밤에 야식을 먹어도 다음 날 아침이면 또 smooth하게 밥 먹으러 가죠. 저는 한 끼라도 굶으면 힘이 나질 않아요."
"와우! 말로만 듣던 밥심으로 사는 여자네?"
"빙고요! 저는 밥심의 위대함을 아는 여자죠."
"그런데 삼시 세끼를 다 챙겨 먹고, 더러는 야식까지도 맛있게 즐기는 너인데, 어떻게 사계절 내내 그토록 슬림할 수 있어? 보면 딱히 운동을 하는 것 같지도 않은데 말이야."
"그러게요. 집안 내력일까요? 잘 먹고 잘 자고만 하는데, 식구들 모두 비슷하걸랑요."

"어쭈구리! 은근 부심 쩌는 발언이시네. 그러면 이제 후반전으로 넘어가 볼까나?"

"좋아요. 대입 얘기라고 하셨죠?"

"응. 스튜어디스 되겠다는 꿈은 아직 유효?"

"그게 음… 달라지고 있어요."

"달라지고 있다는 게 무슨 말이야? 접었다고? 아니면 다른 무엇이 생긴 거야?"

"며칠 전에 아빠와 얘길 나눴는데요, 아빠가 대학 진학 아니어도 괜찮으니까, 관심 가는 업종으로 작은 가게 같은 거 해 볼 생각은 없냐고 물으시더라고요."

"그래? 아빠가 먼저 제안해 오신 상황인 거야?"

"그러니까 이게 어찌 된 거냐면요. 제가 주말에 아빠한테 바람 쐬면서 진로 관련 얘기 좀 나누자고 말씀드렸거든요. 그랬더니 아빠가 좋다고 하셔서 바닷가 카페로 가서 담백하니 얘길 나누게 됐어요. 이런저런 얘기 쭉 하다가 아빠가 툭 던지시더라고요."

"전에도 이 비슷한 말씀 하신 적 있어?"

"아뇨, 처음이셨어요. 그래서 살짝 당황했어요."

"그러면 아빠가 어떤 뜻에서 이런 얘길 꺼내셨을까? 짐작 가는 거 있어? 혹시 네가 딸이어서 대학이든 취직이든 객지 생활이 염려돼 아빠가 도와도 주시면서 데리고 있으려고 하시나?"

"그런 걱정도 하고 계신 것 같아요. 그리고 제가 대학 진학 때문에 불필요하고 과도한 스트레스를 받을까 봐 그 점도 살피신 것 같아요.”

“그렇구나. 그러면 넌 아빠 제안에 대해서는 어떻게 생각해?”

“일단 나쁘진 않은 것 같아요. 작년까진 오로지 스튜어디스 직업만 생각해 오다가, 올해 들면서 그게 좀 시들해지고 있던 터에 색다른 방향을 보게 된 거니까요. 게다가 요리에 관심이 많은 동생이 진로를 나름의 창업 쪽으로 구상하고 있어 왠지 함께하면 뭔가 나올 것도 같고요. 물론 아직은 저 혼자만의 상상이지만요. 하하하. 아차! 그리고 저 요즘 피부 관리사 쪽에도 관심을 두기 시작했어요.”

“피부 관리사라고? 언제부터? 어떤 이유로?”

“음… 그건 다음 상담하는 날 말씀드릴 게욤! 왜냐하면 저 지금 동아리 모임 시간 다 돼서요. 선생님~ 오늘 말씀 감사하고요, 모쪼록 편안하게 주무시고 낼 봬요.”

“그려~ 너도 잘 자고, 낼 보자고.”

2016년
현천 상륙 작전

2016년, 그간 말로 들어 왔고 텔레비전으로 봤던 현천고에 제 발로 굴러들어 왔다. 겉으로는 용기백배 누구보다 충만했으나,

위장의 협곡에서는 종잡을 수 없는 긴장감이 맴돌았다.

처음 마주한 생명체는 현천 선생님들이었다. 교육 과정 함께 만들기 주간 첫날, 꿈터라는 곳에서 인사를 나눴다. 대략 난감의 첫인상은 데시벨 측정 불가의 고음들이었다. 현천 선생님들은 하나같이 목청이 컸다.(물론 목청만큼은 나도 어디 가더라도 뒤지지 않을 수준이지만) 인사말과 손짓, 표정들이 그야말로 이산가족 상봉이 따로 없었다. 이렇듯 과분한 환대를 누리면서 현천 상륙은 기대 이상으로 안정적이고 성공적이었다.

3월 2일, 드디어 학수고대하던 두 번째 생명체를 알현했다. 전체 실루엣은 특별히 차이가 없었지만 웬걸, 접사의 피사체는 확연히 구별돼 감각되었다. 노란 빛깔과 푸른 빛깔, 심지어 요것조것이 뒤섞인 투톤의 빛깔들이 비행접시처럼 둥둥 떠다녔고, 진한 유채화의 얼굴들이 낯선 이방인에게도 아무런 의심조차 없이 번들거리는 미소를, 그것도 다양한 구종(球種)으로 힘껏 뿌려 댔다. 그것들을 고스란히 받아 내는 내 심장은 당혹감과 야릇함이 마치 진자 운동을 하는 것처럼 흔들흔들 쿵쿵 뛰었다.

존중, 자람, 나눔이라는 멋진 가치 철학으로 학년명이 구분되었는데, 나는 현천 첫해 자람학년 2반 담임을 맡았다. 직전 해에 신입생 45명만을 선발해 개교하였으니까, 자람학년 녀석들은 누가 뭐래도 위풍당당 현천 1기들이었다. 당연히 그래서였겠지만, 이들의

'f&p'(포스와 프라이드)는 우주만 했다.
"궁금한 거 뭐 없으세요?", "자원해서 오셨어요?", "결혼하셨어요?", "우리 학교 어때요?", "몇 년 계시다가 갈 거예요?", "운동 좋아하세요?", "혹시 샘도 시도 때도 없이 눈물 잘 흘리세요?" 통성명을 끝내기도 전에 폭포수처럼 질문들이 쏟아졌다. 몇 개의 질문은 형식만 질문이었지, 어쩌면 교묘한 압박(압력)이었을 수도 있겠구나, 지금에야 이러한 뼈 때림을 간파하고 있다. 그런데 이 지점에서 굉장히 웃프게 종종 듣는 질문은, "아직도 현천에 남아 계신 거예요? 헐!" 이건 또 뭐야, 으악!

밀당 고수들이 빛나는 졸업장을 타서 나간 지도 올해로 3년째다. 알바신이 되어 가는 녀석 몇, 나름 대학생 티가 물씬 나는 녀석 몇, 여행꾼인지 방황꾼인지 헷갈려 보이는 녀석 몇, 로또 대박을 산타할아버지 기다리듯 여전히 염원하고 있는 녀석 몇 등등해서 삼천리 방방곡곡에 현천인들이 자기 깜냥과 속도를 준수하면서 질주 중이다. 나는 이들의 인생을 때로는 실시간 생방으로, 또 때로는 중계방송으로 접하는 중인데, 잔잔한 감동도 쏠쏠하거니와, 더러는 스릴 만점 별 다섯이다.
거두절미하면, 나는 올해부터 현천살이 4년을 더 리필해 버렸다.

질문 :
대안 학교에서 어떤 교육 활동을 했나요? 대안 학교의 교육 활동을 통한 아이들의 변화는? 대안 학교에서 가르치는 일에서 느끼는 보람은?

현천고에 온 지는 5년 차고, 그동안 시간과 마음 그리고 체력이 받쳐 주는 한 되도록 자주 많이 교육 활동에 참여하기 위해 안간힘을 썼습니다. 아이들과의 시끌벅적 옥신각신 동행은 물론이고, 교직원들과 어울릴 수 있는 푸근한 자리까지도 마구마구 넘보았지요.
아무 곳이든 아무렇게나 모여서 우리식대로 수다를 참새처럼 떨었고, 보름달처럼 둥그런 자전거 바퀴를 제주도에까지 가서 비릿한 파도를 뒤집어써 가면서 굴려도 보았습니다. 설산(雪山)은 우리더러 오지 마라 하는데도 구태여 고집을 피우면서 태백산으로 치악산으로 오대산으로 뜀박질을 해댔습니다. 좋은 계절엔 온종일 논둑, 뚝방 길, 임산 도로 가리지 않고 바둑이마냥 쏘다니기도 했고요. 상담가도 아닌 주제에 멍석 깔아놓고 진로 상담이니 교우 관계 상담이니 심지어 연애 상담까지, 겁도 염치도 없이 나선 적은 더욱 더 많았음을 고백합니다. 당연히 아이들은 정규 교과목 수업보다 특별한 이벤트를 더 좋아하는 편입니다. 프로그램이 다채롭고 역동적일 뿐만 아니라, 선후배들이 모처럼 학교를 벗어나 참살이 자연에서 한데 뒤엉켜 왁자지껄하는 맛이 참 좋기 때문이지요. 게다가 오고 가면서 즐기는 별미란 정말로 꿀잼이 아닐 수 없습니다. 물수제

비 같은 이런 훈훈한 시공의 물결 속에서 아이들은 제각각의 형편대로 어떤 녀석은 토끼처럼, 또 어떤 녀석은 거북이처럼 성장하는 중이었습니다. 이에 나름 탐구하고 성찰해 본 결과는 저의 갈망 속도가 설레발치며 제일로 빨랐습니다.
신영복 선생님이 '가르친다는 것은 다만 희망에 대하여 이야기하는 것'이라고 말씀하셨던가요? 이 말씀의 본뜻을 현천에서 손수 이, 그, 저 아이들과 찾고 나눌 수 있는 점이 저의 오롯한 보람이자 소박한 꿈이기도 합니다.

질문 :
대안 학교에 대한 오해와 편견은?

공립이든 비인가 대안 학교든 무방비 상태에서 공통적으로 듣는 아쉽고 서운한 말은 '부적응아 또는 문제아들이 공부는 안 하고 놀기만 하는 학교'라는 것인데요, 어떤 잣대로 소홀히 보면 그럴 수도 있겠다 싶지만, 아무렇게 부적응아 또는 문제아라고 낙인 붙은 아이들과 총체적으로 부대끼며 살아 보지 않고서는 절대로 할 수 없는, 아니 하지 말아야 하는 말입니다.
이른바 부적응이니 문제니 하는 판단이 진정으로 합리적이며, 어느 시대나 지역을 불문하고 통용될 수 있을까요? 또한 아이들의 변화 가능성이야말로 교육의 본질이자 엄중한 소명이라고 할 수 있을 터인데, 이 점을 간과하고서까지 목에 힘주어 말할 필요가 과연 무엇일까요? 물론 저도 이 아이들을 만나서 시시콜콜한 것들까지 얽히고설키기 전에는 마찬가지였음을 실토합니다. 모름지기 삼라만상이 인과(因果)에서 자유로울 수 있을까요? 외롭고 지치고 거칠어진 아이들이 지금 여기에까지 꾸역꾸역 와 닿은 데에는 저마다의 어떠한 안타까운 이면(裏面)들이 웅크리고 있었던 걸까요?

선부른 오해와 편견은 대상자를 점점 더 위축시키게 되므로 우리 어른들의 세심한 주의와 배려가 한결같이 있어야 할 것이고요, 덧붙여 우리 대안 학교 가족들도 초심 잃지 말고 굳건하게 자유와 꿈을 희구하면서 우뚝 서야 하겠습니다.

질문 :
대안 학교가 우리 교육에서 담당해야 할 역할은?

대안 학교라고 해서 특별하다는 인식은 서로가 갖지 않았으면 합니다. 왜냐하면 저마다의 학교들이 나름의 상황과 이유를 시대적으로 지니고 부단히 애쓰고 있기 때문입니다. 또한 우리가 특별하다는 지나친 인식은 자칫 그들만의 리그로 편협해져 본의 아니게 부작용을 낳을 수도 있습니다. 따라서 대안 학교가 담당해야 하고, 담당할 수 있는 역할은 쌈박한 아이디어 제공에 있다고 생각합니다. 대부분의 일반 학교들이 큰 덩치를 유지한 채 입시라는 불멸의 괴물과 전력으로 싸우는 일로 여력이 없는 현실에서, 대안 학교들이 앞장서 좀 더 창의적이고 미래 지향적인 교육 과정을 탐구하고 교육 활동을 실천해 가야 하겠습니다. 물론 규모와 입장, 아이들의 특성이 사뭇 다르기 때문에 대안 학교에서 성공한 모델이 일반 학교에까지 같은 효용으로 전파 확산되기에는 어려움이 따르는 것도 사실입니다. 그럼에도 불구하고 우린 각양각색의 아이들과 컬러풀하게 연대 동행하면서 이래저래 납작해져 있는 교육의 진짜를 서서히 회복해 가야 합니다. 언제나 지금의 작고 위태롭기까지 했던 참신한 신념과 용기들도 결국에는 10년 아니면 20년 뒤쯤엔 마땅한 일상이 되곤 하니까요.

더불어 한 가지 더 담당해야 할 역할이 있다면 그것은 아이들의 몽글몽글한 언덕이 되어 주는 것입니다. 옛말에 '소도 언덕이 있어야 비빈다'고 했던가요? 누구에게나 의지할 곳이 있어야 무슨 일이든 시작하거나 이룰 수 있잖아요. 얘기하다 보니 대안 학교가 그리고 대안 학교 교사들이 할 일이 너무 많은 것도 같네요. 어쩌겠어요, 나의 열정과 의지로 발을 들여놓은 이상 얼마큼은 뚜벅뚜벅 눅진하니 걸어가 봐야 하지 않겠어요? 그래야 나중에라도 제법 그럴싸하고 맛깔스러운 영웅 서사시 한 편 흥얼흥얼 읊으면서 거나하게 취할 수 있을 거잖아요!

수리수리 마수리
'동물'로 짜자잔!

오늘은 1학년 녀석들과 '동물로 변신하기'라는 주제로 수업을 했다. 현실 세계에서는 절대로 이루어질 수 없는 일이나, 그까짓 거 누가 뭐래도 우리 맘대로 무한 상상 날개를 활짝 펴고 코뿔소처럼 저돌적으로 해 버렸다.

"며칠 동안이라도, 아니면 단 하루만이라도 동물로 변신해 살아 볼 수 있다면, 너희들은 어떤 동물로 변신해 볼 거니? 조류, 파충류, 포유류, 심지어 곤충까지 뭐든 괜찮으니까 나름의 그럴싸한 이유를 곁들이면서 폼 나게 말해 볼까나. 사진까지 함께 올려주면 아주 그냥 금상첨화가 따로 없을 듯해.
나, 도화지 님부터 시키지만 않고 솔선수범하자면… 난 '코끼리'로 변신하고 싶어. 드넓은 초원에서 누구 눈치 볼 것도 없이, 나만의 느림 스피드로 걷고 또 걷고, 그러다가 쉬고 싶으면 아무 데나 벌러덩 누워 쿨쿨 잠도 자고, 또 덩치도 커서 가끔씩은 작은 벌레들이 내가 만들어 준 시원한 그늘 밑에서 땡볕 피해 오순도순 소꿉놀이도 할 수 있게 해 주고, 평균 수명은 약 70년 안팎이라서 이 또한 아주 적당한 것 같고. 그래서 난 무조건 코끼리로 변신할 거야!"

저는 '코알라'로 살고 싶어요. 왜냐하면 하루 중에서 무려 20시간이나 잔다고 하고, 수명은 최대 20년밖에는 안 된다고 하지만, 그래도 고생 안 하고 나무에 매달려서 편한 자세로 걱정과 불안 없이 맘껏 자고 싶기 때문이에요.

저는 '강아지'가 되고 싶어요. 왜냐하면 저는 강아지를 엄청 좋아하는데, 강아지로 변신해 그들의 언어와 행동을 배우고 싶어요. 그래야지 제 강아지가 어디가 아픈지, 뭘 원하는지를 정확히 알 수 있잖아요. 그러고는 그 녀석과 같이 붉은 노을이 쫙 깔린 어느 거리를 걷고 싶습니다.

저는 '해파리'로 변신할 겁니다. 어떤 해파리는 죽지 않고 영원히 살면서 아무것도 신경 쓰지 않고 바다 이곳저곳을 유유히 헤엄쳐 다닌다고 들었는데, 무지무지 부러웠단 말이지요.

저는 '나무늘보'로 변신해 평생 살고 싶어요. 아무것도 하기가 싫어요!

저는 '치타'로 변신하고 싶어요. 날렵한 치타가 되어서 스포츠카처럼 엄청 빨리 달려 보고 싶어요.

저는 '독수리'로 날아오를 거예요. 높이 잘 날기도 하고, 마음껏 쉬고 싶을 때 가고 싶은 곳으로 갈 수도 있고, 혼자 높은 곳에서 살 때는 버겁고 무거울지라도 가장 높은 곳에서는 그 세상도 동전만큼 작아 보이니까요. 날 때만큼은 다 내려놓고 도망간다고 생각하고 가벼운 마음으로 세상을 내려다보고 싶어요.

저는 '모기'가 될 것입니다. 요리조리 윙윙 날아다니다가 맛있어 보이는 피를 발견하면 슬그머니 날아가 달라붙어서 쪽쪽 빨아먹고 얼른 도망칠 거예요. 너무 오래 붙어 있으면 맞아 죽을지도 모르니까 최대한 빨리빨리 행동도 해야겠지요. 이러면 매일매일이 짜릿한 모험으로 넘쳐 날 거예요.

저는 '나무늘보'로 변신해 아무 생각 없이 마냥 매달려만 있을 거예요. 다 귀찮고, 진실로 하기 싫은 것들 투성이예요.

저는 '수달'이 되어 살 겁니다. 수달은 천연기념물로서 소중하게 보호되고 있는데, 이처럼 모든 사람에게 소중한 존재로 기억되고 남고 싶습니다.

저는 '카멜레온'으로 변신하고 싶어요. 언제든, 어느 곳에서든, 맘대로 피부색을 바꾸면서 어울려 살아가는 모습이 참 조화롭게 느껴졌기 때문입니다.

저는 '쿼카'라는 동물이 되고 싶어요. 우선 생김새부터 너무 귀염뽀짝하고 사람에게 웃으면서 먼저 다가가 사진도 찍는 성격이 정말 사랑스러워요. 쿼카는 작은 섬에서 서식하는데, 이 섬에서 쿼카가 가장 덩치가 커서 특별히 생명을 위협하거나 먹이 활동을 방해하는 적수를 만난 적이 없다고 해요. 그래서 그런지 스스로 자기가 사람 빼고 세상에서 제일 큰 동물이라고 확신하고 있는 점도 너무 하찮게 귀여워요. 항상 웃는 표정이라 바라보는 사람마저 미소 짓게 만드는 재주꾼, 쿼카로 태어나고 말겠습니다.

저는 '늑대'로 환생하고 싶습니다. 매사 자신감이 없고, 무슨 일에서든 끈질김이 모자라서입니다.

저는 '벌꿀오소리'가 될 것입니다. 겉보기에는 은근 귀엽지만, 겁대가리가 없어서 저보다 덩치 큰 동물을 사냥하는 무서운 놈이지요. 한마디로 자기가 살고 싶은 대로 행동하는, 자기애가 상당히 높은 친구라서 닮고 싶어요.

저는 '미어캣'으로 변신해 볼랍니다. 이 친구는 해질녘이 되면 해가 완전히 저물어 사라질 때까지 꼼짝 않고 해를 바라보는 습성이 있다는데, 두 다리로 서 있는 폼이 너무 귀여워 보입니다. 석양을 오랫동안 바라보면 어떤 기분일지도 무척 궁금해졌어요.

저는 '비둘기'가 되고 싶어요. 중학교 시절 하굣길, 기차역 높은 곳에 무더기로 앉아서 마치 자신들은 우리 세상의 일부가 아니라 이방인이라는 듯, 지나가는 것들을 무심코 내려다보던 비둘기들이 있었어요. 저는 그들을 물끄러미 바라보면서 함께 앉아 있다가 어디론가 훌쩍 떠나고 싶은 심정이었어요. 매일 몇 시간씩 앉아서 수업을 듣느라 일상이 지루하던 때에 비둘기가 되어 이런 일상에서 자유로워져 이리저리 세상을 부유하고 싶다고 느꼈습니다. 분수대에 앉아서 물장구도 치고, 오도도 걸으면서 광합성도 즐기고, 떨어진 빵조각들도 쪼아 먹고… 한 도시가 지겨워지면 챙겨야 하는 짐들 없이 훨훨 떠나 버리면 그만이니, 그런 자유의 삶을 만끽하는 비둘기들이 부러웠어요. 세상의 조용한 관찰자이면서 어디든지 맘껏 향유하는, 모든 걸 가졌으면서 아무것도 가진 게 없는 한 마리 비둘기가 되고 싶습니다.

이렇게 우린 저마다의 빛깔과 속셈으로 각양각색의 동물로 변신해 봤다. 동물이 되어서도 못다 채운 한(恨)이 있을 듯도 하여, 다음 시간에는 '식물'로 변신해 볼 참이다.

수리수리 마수리 '식물'로 짜자잔!

"지난주에 우린 각양각색의 동물들로 진정 폼 나게 변신해 봤잖아. 그리하여 오늘은 변신하기 수업 두 번째 순서로 '식물로 변신해 보기'란다. 흔히 식물이라고 하면 동물과 비교해 차분하고 고요한 이미지만 떠올리는데, 꼭 그렇지는 않으니까 너무 그쪽에만 안테나 쫑긋 세우지 않았으면 해. 왜냐하면 지구상엔 식충 식물, 일명 벌레잡이 식물도 수백여 종이나 된다고 하니까. 어떤 식물로 변신해 볼지 나름 유의미하고 즐거운 상상 후에, 되고 싶은 식물의 사진을 올리면서 덧붙여 재밌는 또는 경이로운 설명까지 살짝 뿌려 주시게. 꽃, 나무, 채소, 이끼류까지, 뭐든 죄다 괜찮으니까. 지금 바로 시작!

오늘도 역시 도화지 님부터 솔선수범하자면, 난 '느티나무'로 변신하고 싶어. 그것도 오래도록 젊은 느티나무로 말이야. 나지막한 동산을 뒤에 두르고 널찍한 들판을 내려다보는 곳, 시골 마을 어귀에서 있는 아름드리 고목나무 한 그루, 늠름한 느티나무. 아늑한 품 안은 뙤약볕 여름 농사에 지친 농민들의 안식처이며, 때로는 마을의 크고 작은 일을 결정하는 여론 광장이 되어 주기도 하는 그야말로 넉넉함의 지존! 이렇게 뭐든 아낌없이 주는 느티나무가 되어 난 언제나 이 자리를 지키고 싶단다. 그래야지 언제든 너희들이 편하게 찾아와 잠시라도 쉬면서, 지금처럼 실답지 않은 농담마저도 정답게 왁자지껄 풀어놓고 갈 거 아니겠어?”

저는 ‘민들레’로 변신하고 싶어요. 왜냐하면 민들레는 처음에는 예쁜 꽃으로 있다가 꽃의 운명을 다하면 가벼운 꽃씨가 돼 여기저기로 날아가잖아요. 그것이 너무 예쁘고 멋져 보여서 민들레로 살고 싶어요. 그렇게 날아가서 누군가에게 행복을 가져다줄 수 있다면 더 바랄 것이 없을 거예요.

저는 ‘산당화’가 될 거예요. 꽃말이 너무나 마음에 드는데, 저 역시도 늘 겸손한 사람이 되고자 하거든요, 산당화의 꽃말은 ‘겸손’이랍니다. 제가 하고 있는 행동, 일들을 당연하게 생각하지 않고 열심히 하면서 모든 일에 감사할 줄 아는, 결코 오만한 언행으로 눈살을 찌푸리게 하지 않는 산당화의 삶을 닮아 가겠습니다.

저는 ‘벚꽃’이 되고 싶어요. 상대적으로 개화 시기가 짧고 꽃잎이 잘 떨어지긴 해도, 꽃이 만발한 절정의 아름다움은 너무나도 황홀하잖아요. 그리고 사람들은 봄이 되면 벚꽃 필 날을 설레며 기대하고, 또 그렇게 피어난 벚꽃은 보는 이들의 기분을 좋게 해 주잖아요.

저는 '스타티세'요. 제가 가장 좋아하는 꽃인데, 꽃말이 '영원한 사랑'이거든요. 사랑하고 싶고, 사랑 받고 싶고…….

저는 '해바라기'가 되고 싶습니다. 해바라기처럼 곧게 서서 오직 한 사람만 바라보면서 살 거예요.

저는 '안개꽃'으로 변신했으면 해요. 어렸을 때부터 꽃들 특유의 향기를 별로 좋아하지 않았는데, 안개꽃은 향기도 특별히 없으면서도, 말렸을 때 더 예쁘더라고요. 시간이 흘렀는데도 여전히 예쁠 수 있다는 게 얼마나 감사한 일일까요.

저는 '이끼', 그것도 아주 부드러운 이끼가 되고 싶어요. 만약 이끼로 변신한다면 재밌는 상황을 볼 수 있을 거예요. 이유는 비가 올 때 사람들이 저를 밟아 미끄러지면서 넘어질 텐데, 그걸 보면서 하하호호 웃을 수 있으니까요.

저는 '아카시아나무'로 변신해 살고 싶어요. 향기만으로도 사람들의 마음과 기분을 움직일 수 있기 때문에, 저도 아카시아 꽃이 되어 사람들이 즐겁게 행복하게 지내는 모습을 많이 볼 수 있었으면 해요.

저는 '프리지아'를 선택했어요. 프리지아의 꽃말이 뭔지 아세요? 바로 '당신의 시작을 응원합니다'예요. 어쩌면 우린 늘 시작이라는 선 위에 서 있는 듯하여, 서로서로 응원해 주었으면 해요. 모두모두 잘되길 바라면서요.

저는 '민들레 홀씨'가 아주아주 되고 싶어요. 홀가분하게 어디든지 마구 날아가고 싶어서요.

저는 '자작나무'로 서 있었으면 해요. 보기만 해도, 옆에 서 있기만 해도 편해지는 느낌이더라고요. 인제 자작나무 숲에 가 보았는데요, 말로 설명할 수 없는 오묘한 기분을 체험했기 때문입니다.

저는 '은방울꽃'이 되고 싶어요. 왜냐하면 꽃말이 '기쁜 소식', '행복'이라서 저도 살아가면서 남들한테 기쁜 소식도 전하고, 행복도 선물하는 의미 있는 사람이 되고 싶기 때문입니다.

저는 '잡초'로 변신하고 싶어요. 왜냐하면 지나다니는 다양한 사람들도 맘껏 볼 수 있고, 크게 주목받지 않으면서 좀 조용히 지내고 싶은 마음도 있어서예요.

저는 '소나무'가 되고 싶습니다. 어딜 가더라도 쉽게 볼 수 있는 나무지만, 강한 비바람에도 굴하지 않고 100년, 200년 이상을 살아갈 수 있는 강한 생명력을 지녔어요. 바위틈에서도 꿋꿋이 자라는 소나무가 되어 세상이 변해 가는 것을 보고 싶어요. 사람들이 지나쳐 가는 모습, 동물들이 뛰어다니는 모습, 꽃들이 피었다 지고 계절이 순환하는 모습 등 그 모든 순간을 늠름한 소나무가 되어 천천히 여유롭게 바라보면서 생의 참 의미를 관조하고 싶어요.

저는 '보라색 안개꽃'으로 변신할 거예요. 보라색 안개꽃의 꽃말은 '깨끗한 마음', '영원히 함께하고 싶어요'인데, 저도 보라색 안개꽃처럼 모두의 좋은 친구가 되어서 영원히 함께하는 의미 있는 존재가 되고 싶어요.

저는 '올리브나무'가 되고 싶어요. 잎은 비록 작지만, 전체적으로 단단한 모습이 아주 매력적이거든요. 부드러운 외면과 단단한 내면이 조화를 이루는 그런 삶을 지향합니다.

저는 '방울토마토'로 변신할 거라고요. 달달한 맛! 몸에도 좋은 영양소의 결정판! 게다가 동글동글 예쁘게 생긴 게 윤택하기까지. 요모조모 다 갖춘 방울토마토 같은 사람으로 뚜벅뚜벅 성장해 나갈게요.

저는 '개나리꽃'이 되고 싶어요. 봄마다 노오란 개나리꽃을 보면 볼수록 마음이 따뜻해지고 기분도 은근 좋아지기 때문이에요. 개나리꽃 꽃말이 '희망'인데, 그래서인지 개나리꽃을 보고 있노라면 자꾸자꾸 희망이 파도처럼 밀려오는 느낌이에요.

저는 '강아지풀'로 변신하겠습니다. 강아지풀은 너무나도 쉽게 주변에서 눈에 띄어서 참 친숙한 존재잖아요? 저도 앞으로 누군가에게 친숙한 존재로 편안하게 다가가고 싶기 때문입니다.

저는 '버드나무'로 정해 봤어요. 살랑살랑 나의 모든 잎을 바람에 내맡기고, 바람이 지휘하는 대로 마냥 천천히 흔들리고 싶어요. 가끔은 내 그늘 아래에서 돗자리를 펴 놓고 차와 샌드위치를 먹는 다정한 모녀도 보고 싶고, 시간 가는 줄 모르고 소꿉장난에 한창인 어린애들도 몰래몰래 쓰다듬고, 더러 비가 올 때는 마음껏

빗방울들을 머금어 축 늘어져 있고 싶어요. 그러다가도 또 찰랑거리는 샹들리에처럼 오묘하게 그 공간을 환히 밝히는 버드나무, 그 버드나무가 되고 싶습니다.

그래, 오늘도 이것저것으로 변신하느라 참 애들 많이 썼다. 반드시 언젠가는 너희들이 바라는 무엇이 되어 꼭! 이루고 느끼면서 행복했으면 한다. 나도 늘 젊은 느티나무로 굳세게 서서 너희들과 기꺼이 동행할 테니까.

익숙지 않은,
사랑하는 나의 아빠

오늘은 올해 마지막 수업이라 좀 유별난 걸 챙겨서 들어갔다. 평소 수업 때 늘 가지고 다니던 바구니를 뚫어져라 쳐다보면서 녀석들은 도화지 샘이 또 어떤 간식을 준비해 왔는지부터 초고속으로 스캔했다. 1학년들 수업이면 항상 사탕이며 초콜릿 등등의 요깃거리를 준비해 갔다. 그야말로 귀염뽀짝한 우리 1학년들은 입에 달달한 물질이 들어가 용해되는 시간만큼만 눈과 귀 그리고 손가락이 작동되기 때문이다.
"엥! 초콜릿만 있어요? 사탕은 없어요? 난 초콜릿 싫어하는데……."

"아무거나 드리는 대로 공손히 잡수셔. 사탕일랑 집에 가서 아빠한테 사달라고 하고!"

"힝! 알았어요. 그런데 또 그 묶음 종이들은 뭐예요?"

"옳거니, 진짜 중요한 걸 봐 주셨네. 오늘 수업할 건데, 오늘이 올해의 마지막 수업이라서 특별한 걸 준비해 왔어. 편지지와 봉투들이야."

"그럼 오늘 편지 쓰는 거예요? 선생님들한테요?"

"편지 쓰는 건 맞는데, 선생님들한테 쓰는 건 아니고 엄마나 아빠한테 쓰는 거야. 그런데 요 편지지가 좀 독특한 게, 주어진 질문에 답하는 형식으로 되어 있다는 말씀. 백문이 불여일견이니 일단 보면서 더 흥분하도록 하자. 엄마한테 쓸지, 아빠한테 쓸지를 정해서 얘기해 주면 엄마용 편지지와 아빠용 편지지를 구분해 나눠 줄게. 봉투와 편지지에 '사랑하는 나의 엄마', '사랑하는 나의 아빠' 이렇게 아예 인쇄가 돼 있거든."

"쌤요, 저는 엄마요!"

"저는 아빠요!"

"저는 둘 다요!"

"자, 다 받았으니까 봉투에서 편지지를 꺼내 같이 한번 보자고. 질문이 여러 개 있지? '엄마(아빠)를 생각하면 연상되는 단어 세 가지, 엄마(아빠)와 함께한 가장 기억에 남는 장소, 엄마(아빠)와 함께했던 제일 행복했던 순간, 가장 좋아하는 엄마(아빠)의 모습, 엄마(아빠)에게 하고 싶은 고백, 엄마(아빠)가 가장 좋아하시는 것 세 가지, 엄마(아빠)와 꼭 함께하고 싶은 버킷 리스트.' 어려운 질문들 아니니까 금방 쓸 것 같은데! 끝에 보면 엄마(아빠) 이름으로 삼행시 짓기도 있네. 그럼 시작해 볼까."

"아차! 한 가지 설명을 빠뜨렸네. 엄마(아빠)가 이 편지를 깜짝 우편으로 받았으면 하는 바람이 있으면 봉투에 주소까지 정확하게 써서 나한테 줘. 오늘 오후에 바로 우체국 가서 친히 나의 비상금으로 발송해 줄 테니까."

이렇게 시작된 편지 쓰기가 십여 분 지났을 때, 대본에 전혀 없던 장면이 연출돼 버렸다.

"쌤, 이거 너무 어려워요! 아빠와 함께한 적이 별로 없어서 기억에 남는 장소가 없어요. 그리고 아빠가 가장 좋아하시는 것 세 가지는 커녕 한 가지도 잘 모르겠어요."

"쌤, 저도 아빠를 생각하면 연상되는 단어가 두 개밖에 없어요. 세 가지 다 써야 해요?"

"엥! 왜들 이래? 초콜릿 다 녹으니까 슬슬 장난치고들 싶은 거지? 어떻게 달랑 그 몇 가지가 없겠어? 내 참, 어이 상실이로군."

이렇게 하찮게 몇 마디 툭 내뱉고는 녀석들 편지지로 깊이 잠수했다. 아빠가 가장 좋아하시는 것 세 가지를 다 채우지 못해 쩔쩔매던 녀석은 '술과 담배, 그리고 ?' 미로에서 방향을 잃고 주저앉아 있었고, 아빠를 생각하면 연상되는 단어의 성벽 앞에서 또 한 녀석은

'외박'이라는 두 글자만 흐릿하게 써 놓은 채 두리번두리번하고 있었다. 이 난데없는 장면과 맞닥뜨린 나의 뼈마디들은 서서히 굳어져 갔고, 아울러 가슴은 먹먹해지고 쪼그라들었다. 아차! 자신 있게 드러내지 않았던 녀석들의 가정사 이면을 전혀 예상치 못했구나. 부모라는 존재의 결핍은 다만 생사 문제에서만 비롯되는 것은 아닐 테니까. 한 지붕 아래에서 같이 산다고 해서 가족 모두가 끈끈한 라포의 뿌리를 생명력 삼아, 그야말로 훈훈하게 행복하게 잘 살 거라는 건 어쩌면 바람 중 큰 바람일 수도 있음을 아주 모르는 나도 아니었는데 말이다. 이 변변치 못한 나의 납작한 성찰에도 녀석들은 여유를 허락해 주지 않았다.

"쌤, 뭘 멀뚱한 콘셉트 잡고 있는 거예요? 어떻게 하냐니까요? 채우지 않고 다른 거 써도 돼요?"

"아니아니, 난 싫어요. 세 개면 세 개 다 채우고 싶단 말예요. 그러니까 얼른 알려주세요!"

"어어, 그게 말이야… 없으면 없는 대로 그 질문은 넘어가고, 다른 질문들 중에서 혹시 생각나는 게 많은 걸 더 써 보면 어떨까?"

"저는 다 채우고 싶다니까요! 선생님 딸 있으세요? 딸과 함께했던 가장 기억에 남는 장소가 어디였어요?"

"어어, 그게 어어어… 나는 딸이 없어."

"그러면 아들도 상관없으니까 기억에 남는 장소 하나만 알려주세요, 네?"

"그러지 말고 이렇게 해 보면 어떨까? 이미 지나간 것들 중에서 생각나는 게, 아니 정말로 사실적으로 없는 거라면 그냥 웃퍼도 인정해 버리고, 차라리 앞으로 같이 해 보고 싶은 거, 먹고 싶은 거, 가 보고 싶은 곳을 상상하면서 적는 거야. 어때, 괜찮지 않아?"

"에에… 좀 웃기지만 뭐 그렇게라도 채워 볼 게요. 어쨌든 난 꽉꽉 채워서 쓰고 싶으니까!"

"아빠가 이 편지 받으시면 은근 놀라실 듯?"

"그럴까요? 보내는 사람이 현천고 ○○○여서, 이거 또 학교에서 뭔 통지서나 성적표 보낸 걸로 착각하고 쓰레기통에 쏙 넣어 버리시진 않겠죠? 헤헤헤."

"헐! 어쩌면 진짜로 그러실지도. 하하하."

"이따 오후에 꼭 우체국 가서 부쳐 주세요. 크리스마스 전에 집에 도착할 수 있어야 해요!"

"저도요! 아빠한테 쓰는 편지, 초등학교 이후에 진짜 오랜만이거든요. 히히히."

왠지 익숙지 않은 사랑하는 나의 아빠, 그리고 사랑하는 나의 엄마에게 편지 쓰기 수업 끝. 그럼에도 불구하고 녀석들은 끝 종이 울릴 때까지도 열심히 또 열심히 써 댔다. 무언가를 뭉뚝한 한 손으로 가려 가면서…….

COVID-19
이산가족 상봉의 날

2020년, 3월도 4월도 아니고, 은행잎은 흩날리고 메뚜기는 어지러이 날뛰는 노오란 10월 중턱이 되어서야 우린 완전체로 만날 수 있었다. 난데없는 코로나로 인해 1학기 개학이 두 번이나 연기되었고, 이후에도 1개 학년으로, 또 2개 학년으로만 겨우 만나오다가 이번에 전교생 등교 수업 방침으로 마치 이산가족 상봉 같은 애틋한 감격을 누리게 된 것이다. 이런 배경만으로도 전교생 재회 첫날이니만큼 충분히 설레고 들썩들썩해야 마땅하건만, 지난주에 일어난 안타까운 일의 여파로 분위기는 그다지 명랑하지 않았다. 오전 교사 회의는 여느 때보다 좀 더 진중하게 진행되었고, 만차의 에듀버스에서 쏟아져 내린 견우와 직녀들은 근질근질했던 반가움을 맘껏 내색하지 못한 채 총총거리면서 기숙사로 들어가 개개 저희끼리 짐보따리를 풀었다. 오랜만에 전체 9개 교실에서는 주 열기의 훈훈한 숨이 창틈으로 또 문틈으로 스멀스멀 기어나오기 시작했다. 못난 놈들은 얼굴만 봐도 흥겹다고 하지 않았는가? 잠시의 눈치 게임은 이렇게 슬그머니 끝이 났고, 녀석들은 금세 예전처럼 뜨뜻하게 뒤엉키기 시작했다. 그리하여 점심시간 급식소도 모처럼 활기를 띠었다. 한꺼번에 전교생이 가득 찬 건 아니고 학년마다 20분씩 따로 식사 시간을 구분했지만, 그럼에도 불구하고 줄을 서서 기다리면서 또 밥을 배불리 먹고 나와 파라솔 아래 옹기종기 아무렇게들 모여 재잘대는 소리들이 은빛 은어들처럼 반짝반짝 튀어 오르는 것이었다. 같이 연못가 주변에서 아니면 급식소 안에서, 또 아니면 교무실 너머로 내려다보고 있던 선생님 구경꾼들은 마치 반세기 만에 원초의 미소를 되찾은 듯했다.

오후가 되자 기온이 올랐는지 날파리 같은 것들이 뭉게뭉게 피어오르면서 마시멜로 언덕 쪽으로 산책 가는 여럿이 연거푸 손으로 그것들을 흩트리는 익살스런 실루엣이 멀찌감치서 포착되기도 했고, 한 켠에서는 다음 주에 있을 자전거 기행을 준비하는 듯한 1학년 애송이들이 초집중 모드로 협동하여 뺄뺄 바퀴를 굴리고 있었으며, 또한 이러한 다채로운 경치를 청명한 가을하늘은 달관으로 응시하는 중이었다. 그리고 결코 외면할 수 없는 중요한 장면 한 가지 더는, 지난주 일을 곰곰이 되짚어 보면서 담담하고 침착하게 이야기를 나누는 담임 샘들과 아이들이 비록 시야가 닿는 곳은 아니었어도 분명코 여기저기에 있었다는 사실이다. 나 또한 어느 녀석과는 바람 부는 옥상에서, 또 어느 녀석과는 어울려 보이지 않는 그네에서 자초지종을 비롯해 나름의 억울함 너머까지 이야기를 늘리고 있었으니까.

저녁 급식 시간은 여느 때처럼 현천스러움이 광합성 작용을 하기 시작했다. 재잘거림을 리필 반찬 삼아서 오순도순 식사하는 녀석들,

뼈 짬뽕을 쟁취하기 위해서 이리저리 분주히 돌아다니면서 아무 선생님이라도 낚으려고 수고하는 녀석들, 별 효과가 없어 보이는 다이어트라는 것을 입학해서 지금까지 고수하겠다는 일념으로 오늘도 굶으려고 슬그머니 기숙사로 들어가 버리는 녀석들까지, 너무나 익숙한 광경이 삽시간에 부활한 것이다. 그래서인지 나도 점점 안도하면서 보통 때처럼 현천의 밤 한 자락을 다리미질할 수 있었다. 마침내 10시가 되었고, 무탈한 형상들은 나름 만족했던 하루의 그림자를 뒤로 길게 드리우면서 기숙사로 들어갔다.

참으로 다행이었다! 오전 교사 회의 때만 해도 오늘 하루를 이렇게 그렇게 저렇게 걱정하면서, 나름 집단 지성을 발휘해 이런 그런 저런 대비책을 세워 놓지 않았냐 말이다. 반추해 보면 이 또한 현천 녀석들의 주특기라고 할 수 있는 뒤통수 때리기였을까? 극도의 긴장이 쳇! 허탈하게 이완되었으니, 오늘은 모처럼 꿀잠 당첨이렷다. 이산가족 상봉의 날 결말은 보다시피 해피 엔딩이었다.

솔직히 말하면
– 4기 졸업을 축하하면서

같은 하늘 아래에
어느 곳에라도
내가 볼 수 있는 곳에
멀지 않은 곳에
근처에
가까이
너가 있었으면 좋겠어.

아니,
솔직히
난
너가
13센티미터
뒤에
있었으면
좋겠어!

그래, 그때까지 내가 엄마 할게

김경혜

혼돈의 전입 1년을 무사히 마치고, 현천고의 자유로운 영혼들과 나누고 싶은 수업을 마음껏 하며 스스로도 성장하고 있다고 믿는 사람. 그만큼 고민과 시행착오도 많지만 그것마저 기꺼이 즐기려고 하는 사람

너를 보낸 후

오늘도 교실에 빈자리는 너의 것이다. 조회를 마치고 나는 익숙한 듯 전화를 걸었지만 너도 익숙한 듯 전화를 받지 않는다. 니가 있을 만한 곳을 구석구석 훑으러 다닌다.

상담실, 화장실을 비롯해 학교의 모든 사각지대를 찾아보지만 너는 없다. 이제 남은 곳은 단 한 곳. 학생들이 모두 기숙사를 나와야 하는 시간이지만 혹시나 하는 마음에 기숙사로 발길을 옮긴다. 아이들이 모두 나간 곳이라 조용함을 넘어 겁 많은 나에게는 무서우리만치 고요하다. 더 이상 꼼꼼할 수 없다 할 정도로 둘러봤다 싶을 즈음, 문득 공동 화장실을 확인하지 않은 게 생각났다. 공동 화장실의 문을 열고, 오른쪽에 살짝 열린 칸의 화장실 문을 '설마 없겠지' 하는 마음으로 밀었는데, 다 열리지 않고 무언가에 부딪히는 느낌이 든다. 한 번 더 혹시나 하는 마음에 "나와, ○○아"라며 안을 들여다보는데, 헉, 그 어둡고 좁은 곳에 니가 고개를 숙인 채 서 있다.

아무렇지 않은 듯 너의 손을 잡고 나왔지만, 그때 내 심장 박동은 최고치를 찍으며 뛰고 있었다. 아무 말도 하지 않고 교무실까지 왔던 것은 사실 뛰는 심장을 그대로 담고 있을 목소리가 너를 불안하게 만들까 봐 입을 뗄 수가 없었기 때문이다.

둘만의 공간에 앉아 무심한 듯 초점 없는 눈으로 내 시선을 피하고 있는 너를 보고 있자니 왈칵 눈물이 날 것 같았다. 너는 그 어두운 곳에 웅크리고 있으면서 어떤 생각을 했고 어떤 느낌이 들었을까? 입학 후 내내 혼자였던 너, 먼저 다가가는 친구들과 선생님들의 마음도 받아줄 수 없던 너, 그래서 이곳은 내가 있을 곳이 아니라고 온몸으로 말하던 너. 그런 너에게 나는 그리고 우리는 무엇을 하고 있는 것일까?

"○○아, 여기서 너 안 행복해?"

"네."

"선생님이 어떻게 도와줄까?"

"엄마를 설득해 주세요. 전 학교를 다니고 싶지 않아요."

"현천이 힘든 거야 아니면 학교를 다니고 싶지 않은 거야?"

"둘 다요."

"그랬구나? 나는 니가 그 정도인 줄은 몰랐어. 몰라 줘서 미안해. 엄마한테는 내가 잘 이야기해 볼게."

어머니와 통화를 하며, 그 아이에게는 차마 할 수 없던 본심을 전했다. 통화를 할 때면 "걔가 도대체 왜 그럴까요? 시간이 좀 지나면 괜찮아질 거예요"라던 어머니도 그날은 결단을 내린 듯한 목소리로 아이의 귀가를 요청했다. 그리고 얼마 안 지나 어머니는 자퇴를 신청하셨다.

"저렇게 힘들어 하고 적응 못 하다가도 곧 적응해서 잘 지내요"라는, 누군가가 전해 준 어느 현천 선배 아이들의 이야기가 그 아이에게도 적용될 것이라는 생각이, 아니 욕심이 혹시 그 아이를 붙잡아 둔 게 아닐까 하는 자책감이 그 아이를 보내고 나서야 비로소 들었다. 다시 한번 미안하다, ○○아.

동시에 처음부터 아이의 자발적인 선택이 아니었던 현천이지만, 그래도 여기서 살아 보려고, 적응해 보려고 무던히도 애쓴 순간이라 생각되는 애틋한 그 아이의 시간들이 떠오른다.
넌……. 수업을 땡땡이친 벌칙으로 사랑하는 엄마에게 반강제적인 미션 편지를 쓰기도 하고, 나들터 출입문에서 가장 가까운 곳에 앉아 나들회의가 끝나기만을 기다리면서도 거수로 너의 의사를 표현하기도 했다. 절대 안 가겠다고 하다가 억지로 페달을 밟아 함께한 자전거 기행에서 손등이 시뻘겋게 익을 정도로 타 놓고는 도저히 못 하겠다고 숨어 버리기도 했다. 집에서는 학교에 도착할 시간이라고 하는데 둔내역 플랫폼에 우두커니 서 있기도 했고, 조퇴하는 너를 배웅하러 간 길에 들른 짜장면 집에서 내 앞으로 단무지 접시를 밀어 주기도 했다.

올초, 새로운 진학을 선택했다는 이야기를 한결 건강해진 목소리로 어머니가 전해 주셨다. 그 선택이 너의 의지였든 아니면 어머니의 희망 사항을 들어주는 것이었든 여기에서처럼 숨을 곳이 없어 니가 숨지 않을 것이라는 사실만으로 나는 희망적이다. 이제는 밝은 곳에서, 니가 감당할 수 있는 상황들에 너를 조절해 가며, 문득문득 보여 준 미소를 띠어 가며, 건강하게 살아가기를 진심으로 바란다. 아직도 화장실 문을 열 때면 문 뒤에 서 있던 니가 떠오르는 기억이 트라우마가 아닌 쑥스러운 에피소드로 열어진대도, 나는 언제까지나 너의 행복과 미소를 응원하련다.

그래.
그때까지 내가 엄마 할게

"엄마."
교무실 입구에서 들리는 소리다. 누군가 싶어 고개를 들어 보니 작년 우리 반이었던 ○○이다. '○○ 네 엄마가 오셨나?' 싶어 두리번거리는데, 안 보이신다. ○○은 내 근처로 와 다시 한 번 부른다.
"엄마."
엥? 얘가 나를 엄마라고 부르네?
"○○아. 왜 나를 엄마라고 불러?"
"제가 작년에 쌤한테 그렇게 부르겠다고 했잖아요. 전화번호에도 '작은 엄마'라고 저장해 뒀어요."
"고뤠?"

○○이가 다녀간 후, 뭐라 설명할 수 없는 감정이 느껴져 생각 많은 나는 또 생각에 잠겼다.

내가 생각하는 거룩하고 숭고한 어머니의 이미지에 감히 나를 대입하지 않더라도, 그 호칭은 내게 꽤나 무거운 책임을 지우는 것처럼 느껴지기에 충분했다. 또한 나에게 일방적으로 엄마 역할을 기대하는 것 같아 '나는 엄마가 아니라 선생이야. 한동안 거리를 좀 두어야 하나?'라며 나름 꽤나 심각한 고민의 지점에 서기도 했다.

그러고 보니 우리 아이들은 선생님들을 일컫는 호칭이 다양하다. 어떤 선생님의 말씀을 빌리자면 '학교에 안 어울리는 호칭'들이 많다. '엄마, 아빠, 형, ○○씨, ○○짱' 등. 그중 적지 않은 아이들에게 '아빠'라고 불리는 한 선생님은 진짜 아빠처럼 아이들을 무한히 품어 주신다. 그 아이와 그 선생님의 대화를 듣고 있자면 진짜 부녀 사이 같다. 아이가 그날 속상했던 일을 건네면 선생님의 목소리가 들리지는 않지만 이어지는 아이의 이야기에서 분명 선생님은 자상하고 따뜻한 눈빛으로 듣고 계신 것이 느껴진다. 아까 분명 분주히 업무를 처리하던 선생님이었는데, 그 순간에는 '아이가 먼저'라는 느낌으로 끝도 없이 이야기를 들어 주신다. '아, 나는 절대 저렇겐 못해'라는 생각과 동시에 '그러고 보니 현천의 선생님들은 다 저런 것 같아'라는 결론이 내려진다.

이후로 그 아이들은 왜 선생님을 선생님이 아닌, 자기가 부르고 싶은 호칭으로 부를까에 관해 꽤 오랫동안 생각했다. 그러던 중, 그 아이들의 공통점을 찾았다. 겉으로 보기에는 밝고 활발해 무난한 듯 보이지만, 안으로는 누구보다 홀로 감당하기 버거운 자기만의 고민과 아픔을 짊어진 채 하루하루 불안하게 지낼 수도 있겠다 싶던 아이들. '그러니 나를 조금 더 자세히 봐 주세요'라고 얘기하던 아이들. 그 호칭들은 그 아이들이 선생님들에게 용감하게 먼저 내민 손이 아니었을까. '아, 이런 바보.'
호칭에만 신경을 써 그 아이들이 어렵게 내민 손을 제대로 잡아 주지 못했다는 각성에 난 여러 날, 많이 아팠다. 이후 아이들의 호칭뿐 아니라 자다가 봉창 두드리는 소리까지 세심하게 귀 기울이며 나 스스로를 치유하는 동시에 아이들의 마음을 찬찬히 읽는 것에 집중했다. 조금씩 아이들의 다른 모습들이 보이는 것 같았고, 아이들 마음의 소리가 들리는 것 같았다. 다시 아이들이 나를 자기만의 호칭으로 부른다면 예전처럼 불편해하지 않을 자신이 생겼다.

그러던 어느 날, 한 여학생이 '엄마'라고 부르며 내게 와서는 자기가 쓴 캘리그래피 책갈피를 선물로 준다. 연습용 글귀 외에 자기가 쓰고 싶은 구절을 담은 캘리그래피가 눈에 들어온다. '잘될 거야. 행복할 거야'라는 말은 내게 하고 싶은 말이기도 하겠지만 아이가 자신에게 거는 주문처럼 느껴졌다. 나는 내 앞에서 그 작품이 탄생하기까지의 과정을 조잘조잘 대고 있는 그 아이를 꼭 끌어안았다. "고마워, ○○아" 하면서 폭 안기지도 못하는 아이를 한동안 안고 있었다.

이후 그 아이는 더 자주 나를 엄마라 불렀다. 별다른 이유가 없어도 내 자리에 오는 횟수가 늘었고, 나의 간식 창고는 급속도로 줄어들었으며, 하던 일을 멈추고 아이와 기꺼이 이야기를 나누는 시간이 많아졌다.

그래. 이제는 너희들을 더 세심히 지켜보고 세심히 들으마. 너희가 나를 엄마라 부르지 않을 그때는 분명 "이제 괜찮아요. 저 혼자도 당당히 설 수 있어요"라고 말하는 감격스러운 순간일 테니까.

그래. 그때까지 내가 엄마 할게. 고맙다.

안 먹던 아침을 먹으면 생기는 일

오늘은 발열 체크 담당이라 아침잠 많은 나로선 굉장히 이른 시각에 출근길에 나섰다. 관사를 나오기 전에 있는 급식소에는 아침 식사를 하는 3학년이 보인다. 나는 아침을 안 먹으니 패스~. 관사 출입문에서 본동까지는 내 걸음으로 3분이면 후다닥 갈 거리다. 후다닥을 시작하려는 그때, 그 짧은 거리, 그 짧은 찰나에 교장 선생님이 급식소 입구에서 "김 선생도 밥 먹고 가요" 하고 부르신다.

평소 같으면 “아니에요, 저 아침 안 먹어요”라고 했을 텐데, 오늘은 이상하게 입구 쪽으로 발길이 돌려졌다(돌린 게 아니라 돌려진 게 맞다). 최소한의 양으로 급식 판을 채우고 앉아서 먹는데, 사실 꿀맛 같은 밥맛은 아니었다. 그런데 급식 판을 싹싹 비웠다. 마음이 그냥 비워야 할 것 같았다. 마치 언젠가 문득 고생하는 엄마 손을 본 다음 날 아침, 나 홀로 고마움에 북받쳐 여느 때보다도 싹싹 밥을 먹어 치우고는 ‘나 먹는 거 봤지?’ 하는 막내딸 마음처럼. 그러는 동안 내 머릿속에는 이런 생각들이 떠올랐다. 우리 선생님들이 밥 안 먹는 아이들을 궁금해하고 걱정하며, 한술이라도 뜨게 하려는 마음을 받은 아이들의 기분이 이런 걸까? 귀찮은 제안이나 오지랖처럼 느껴지면서도 동시에 마음 한구석이 찌~잉한 그런 기분?

사실 이런 모습은 우리 학교 여기저기에서 발견할 수 있다. 수업 시작종이 울렸지만 그런 것에 개의치 않고 “수업 들을 기분이 아니에요, 너무 졸려요” 같은 이유로 홈베이스에 앉아 휴대폰을 보고 있거나 소파에 누워 있는 아이들을 선생님들은 다그치지 않는다. 대신 “기분 좋아지면 들어와, 기다리고 있을게. 그래, 좀 쉬다가 들어와”라며 아이들에게 여지를 두고 마음을 전한다. 끝내 안 들어오는 아이도 있지만, 대부분의 아이들은 그 이후 먼저 자기 상태를 말해 주기도 하고 미안한 제스처를 보이다 느리더라도 함께하려는 것 같다.

정말 거짓말 하나 안 보태고 쉬는 시간마다 교무실에 찾아와 결의에 찬 목소리로 "자퇴하고 싶어요"라는 아이들도 꽤 있다. 학년부 교무실에 있던 선생님들은 여유로운 목소리로 합창하듯 "그래, 자퇴해. 니 의견 존중할게"라면서 아이를 보조 의자에 앉혀 군것질거리를 나눠 먹으며 마음을 어루만진다. 선생님들의 묻는 듯 안 묻는 듯한, 따지는 듯 안 따지는 듯한 이 기술에 아이들도 느끼는 듯 못 느끼는 듯하면서 언제 그랬냐는 듯 다시 일상으로 돌아간다.

아이들을 세심히 지켜보되 아이들의 상황이나 감정을 판단해 선불리 조언하고 마무리해 주기보다 아이들의 상태를 최우선으로 인정하고 이해하려는 것이다. 글로는 아쉬울 정도로 짧은 문장이지만, 몸으로 마음으로 실행하기는 그리 만만치 않은 배려지 싶다.

물론 가끔 그런 따뜻한 배려와 보살핌의 말에 무심하게 "알아서 할게요"라거나 "왜 나한테만 그래요?" 같은 반응을 보이는 아이들도 있다. 마음의 상처까지는 아니더라도 무안한 분위기에 머쓱해질 때도 있지만, 어른들의 친절과 따뜻함의 진의와 지속성을 의심할 수도 있는 아이들의 마음을 또 한번 인정하게 된다.

급식소를 나와 교무실까지 가는 동안 계속 생각에 잠겼다.

과연 나는 나와 함께하는 선생님들과 아이들에게 관심과 따뜻함을 잘 전하고 있을까. 예전에 함께 머리를 맞대야 하는 일에도 각개 전

투를 하는 선생님들을 겪으며 힘들었을 때, 난 함께하며 나누는 끈끈한 동료애를 갈구했다. 그래서 꽤 오랫동안 현천으로의 초빙을 권하는 교장 선생님께 절대 안 간다고 했던 내가 순도 100퍼센트 자발적으로 응했던 이유가 바로 동료들 아니었던가. 힘들지 않다고 말할 수 없는 현천살이에서 누구보다 천천히 소진돼야 할 사람들에게 눈과 입과 손을 돌려야 함을 느낀다. 그래야 이 길을 든든하게 오래 걸을 수 있음을 아니까. 더불어 '앎과 삶이 하나 되는 행복 공동체 현천'에서 우리가 먼저 '존중, 자람, 나눔'을 실천하는 물꼬를 조금씩 터야 하는 이유가 또렷해진다.

교장 선생님의 '밥 먹고 가'라는 말에 밥 먹는 시간보다 꼬리에 꼬리를 무는 생각들로 꽤나 진지한 진지를 먹은 아침이다.

쓰담
쓰담, 현천을 쓰고
아이들을 담다

대안 학생이 대안 교사가 되다

조성범　　　　말 잘 들을 것처럼 생겨 놓고 말 안 듣는 사람

상상?
실천하기!

미술 교사의 길을 준비하며 나는 종종 미술실 한구석에서 그림을 그리거나 조각을 하는 상상을 했다. 미술실에서 작품 활동을 하고 있으면 미술에 관심 있던 아이들은 자연스럽게 내 옆에 머무르겠지? 내가 예술 활동을 통해 진로를 발견했던 것처럼 누군가가 자신의 진로를 발견하는 기회를 갖지 않을까? 하고 상상하면서……. 나에겐 꽤 낭만적인 상상이었다.

하지만 부끄럽게도 나는 교사가 되고 지금까지 수업 자료를 제외하곤 단 하나의 개인 작품도 제작하지 않았다. 그저 오래전에 만들거나 그린 작품을 보며 예술에 미쳐 있던 과거의 나를 그리워했다. 미술 교사로서 예술성이 점점 떨어지는 모습을 알아차릴 때마다 가슴이 답답해 왔다. 여러 가지 핑곗거리가 있었지만, 작품 활동을 할 시간이 전혀 없지는 않았다. 교사가 아닌 나 스스로에게 주어진 시간에는 매번 쉼이나 여가를 선택했다. 미술 교사이기 때문이었을까? 작품을 만들고 싶었지만, 작품을 만드는 것이 하나의 업무처럼 느껴졌다. 스스로 작품 활동을 미루는 것에 대한 그럴듯한 변명을 늘어놓으며 머릿속으로만 작품을 구상하고 말고를 반복했다. 교사가 되고서도 여러 가지 작품을 만드는 상상을 하며 허전함과 함께 어딘가로 묻어져 가는 예술혼을 위로했다.

올해는 2학기가 되어도 코로나가 잠잠해지지 않았고 아이들이 없는 학교는 조용했다. 주어진 일과가 끝나면 미술실에서 그림을 그려 볼까 하던 나는 또 익숙해진 변명과 타협하고 있었다. 그러던 중 친한 선생님이 유화를 알려줄 수 있는지 물어 왔다. 나는 그 요청이 너무 반가웠다. 집구석에 오랜 시간 묵혀 두었던 화구 박스를 들고 선생님을 찾아가 작은 캔버스에 아보카도를 함께 그렸다. 오랜만에 맡는 유화의 지독하지만 향긋한 기름 냄새가 내 코와 심장을 자극했다. '이거 하나 시작하는 게 뭐 그리 어려운 일이라고 이렇게 미뤄 왔을까' 하며 게을렀던 나를 다그쳤다. 더 이상 그림을 미룰 수 없는 상황을 만들어 보자! 나는 무언가에 홀린 듯이 선생님들 단톡방에 글을 올렸다.

'안녕하세요~! 이번 학기 매주 목요일 저녁 시간을 이용해 선생님들의 예술적인 감각을 표현할 수 있는 유화 교실을 오픈할 예정입니다. 제 그림 실력이 많이 녹슬었지만 선생님들과 함께 그림을 그리며 손도 풀고 선생님들과 이런저런 이야기를 나누면서 예술과 함께 소통하는 시간을 마련하고자 합니다. 그림을 그리고 싶거나, 그려 보고 싶었거나, 집 안에 멋진 작품을 걸어 두고 싶으시면 마음 편히 신청해 주세요~!'

두근두근! 너무 감사하게도 많은 선생님들이 신청해 주고 응원해 주었다. 3학년만 등교한 탓에 적당히 조용한 학교의 목요일 밤, 스스로 그림을 그리고자 미술실에 모인 선생님들은 10명이 넘었다. 이윽고 미술실에는 대학교 실기실처럼 유화 기름 냄새가 가득 찼다. 가슴이 벅찼다. 물론 나의 그림이 아니고 선생님들의 그림을 도와주는 정도였지만, 붓을 쥐고 물감을 바르는 내 손이 너무 반가웠다. 정신없는 와중에 영선 쌤이 구세주처럼 등장해 선생님들을 함께 도와주었다. 시작 전에는 자신의 손을 '똥손'이라 부르며 걱정 가득했던 것도 잠시, 스스로 그린 그럴싸한 그림 앞에서 만족해하는 모습에 내가 더 기뻤다.

그 다음 주에는 또 다른 변화가 찾아왔다. 미술 수업을 듣는 아이들이 미술실 한쪽에 예쁜 꽃과 과일 그림이 걸려 있으니 호기심을 갖게 됐고, 꿈 너머 꿈 시간엔 그림을 그리고 싶어 하는 아이들이 미술실에 모이기 시작했다. 아이들은 유화를 그리며 그림에 매력을 느꼈고 숨겨진 예술성을 발견해 얼굴엔 뿌듯함이 가득했다. 미술실이 재료를 빌려 가는 장소에서 그림을 그리는 공간이 되었다. 틈만 나면 그림을 그리기 위해 밤 미술실을 열어 달라는 아이들 덕분에 나는 더 바쁘고 정신이 없어졌다. 하하하!

여전히 나는 내 작품을 그리지는 않지만 누군가의 그림을 도와주는 것만으로도 오랫동안 묵혀 온 갈증이 해소되는 기분이다. 다들 어느 정도 연습이 끝나고 개인 작품에 들어갈 때는 나도 그림을 그려야지! 이젤 앞에 앉아 내가 상상하던 모습으로 그림을 그릴 날이 곧 올 것 같다.

대안 학교
교사가 된 이유

2018년 3월, 미술 교사가 되어 강원도 삼척의 작은 학교에 첫 발령을 받아 1년을 근무한 뒤 2019년 3월에 지금의 대안 학교에 왔다. 나에 관한 정보가 없는 사람들은 내가 대안 학교에서 근무한다고 하면 멋진 다짐을 들을 거라는 약간의 기대와 신선한 궁금함을 갖고 그 이유를 물어본다. 그럴 때면 어디부터 말해야 할지, 얼마나 조절해서 대답해야 할지를 고민하다가 시간 여유가 없으면 "그냥요"라고 짧게 대답하고 만다.

"왜 대안 학교 교사가 됐어요?"라는 질문을 앞에 두고는 교육계에 몸담으며 다져진 교육 철학을 기반으로 대답하기 전에 나의 학창 시절 이야기를 먼저 하는 것이 순서겠다.

나의 초중등 학교생활은 '끄트머리 한 칸 앞'이었다. 나는 제2의 강남이 되고 싶어 하는 지역에서 평균 점수와 등수가 중요한 가치인 친구들과 함께 지냈다. 남들처럼 나도 평균 점수와 등수를 자랑거리로 삼고 싶었지만, 나는 규모가 있는 초중학교에서 꼴등을 간신히 면하는 위치의 학생이었다. 공부엔 흥미가 없었고, 수업 시간에 딴생각을 하거나 들키지 않고 잠을 자는 것이 학교생활의 전부였다. 학교에서는 열심히 딴짓을 하고 방과 후에는 뭐하고 놀지를 고민하며, 누구보다 빨리 정문을 벗어나려 노력했다.
이런 생활을 9년 가까이 하다 보니 어느덧 고등학교를 앞둔 중3이 되었고, 미래에 있을 야자와 공부의 압박감이 불안으로 자리 잡았다. 인문계 학교에 들어가 닭장식 교육에 갇힌다는 두려움은 지금 돌이켜 생각해도 가슴이 먹먹한데 그땐 얼마나 더 막막했을까? 나는 무작정 인문계가 아닌, 조금이라도 다른 생활을 할 수 있는 방법을 찾아보았다. 그런데 조리고등학교, 디지털고등학교, 실업계고등학교, 중졸, 자퇴 등 여러 방면으로 진학과 진로를 고민할수록 인문계를 가지 않는 미래가 두려웠고 무서웠다.
그러던 중 누나 친구를 통해 어렴풋이 대안 학교를 알게 되었고, 곧바로 전국의 인가받은 대안 학교를 찾아보았다. 인가받은 대안학교를 고른 이유는 고등학교 졸업장을 따기 위해 치르는 검정고시조차 피하고 싶었기 때문이다. 여러 학교 홈페이지에 들어가 학교의 교육 철학, 교육 활동 등을 찾아보았지만 결국 중요한 선택 기준은 얼마나 공부를 시키지 않는지였다. '대안'이 붙기는 해도 '학교'를 선택하면서도 여전히 공부하기 싫은 마음이 그득했다.
대안 학교 진학을 가장 응원해 준 사람은 부모님이었다. 그간 아들의 성적을 보면서 괜찮다고는 했지만 얼마나 속이 쓰리고 걱정되셨을까? 한 학년에 600명이 넘는 학교에서 열 손가락 안에 들던 큰딸, 맨날 노는 것 같아도 언니를 닮아서 성적은 좋았던 둘째 딸과 달리, 듣도 보도 못한 숫자를 들고 와서 0점이 아니라고 우쭐대던 막내아들. 그런 아들이 고등학교를 간다고 고민하고 있으니 정말 도와주고 싶었을 것이다. 중3 여름방학, 인가받은 대안 학교 리스트를 뽑고 부모님과 함께 우리나라 남쪽부터 올라오며 대안 학교 탐방을 시작했다. 다양한 모습으로 다양한 꿈을 담고 있는 여러 대안 학교들은 나를 양갓집 아들이라며 반겨 주었다. 회피를 위해 시작한 대안 학교 탐방이 어느 순간 도전과 목표가 되었다. 네모반듯한 빌딩 숲이 아닌 호남의 넓은 평야를 아득히 바라보며 16년 인생 처음으로 '고등학교에 가고 싶다'고 생각하는 게 어색했던 기억이 난다.

2006년 11월 11일. 네 번의 면접 끝에 내가 선택한 대안 학교 합격 소식을 들었다. 막연함과 간절함이 성취감으로 전환되며 가슴이 뛰었고, 후회 없는 학교생활을 해 보고 싶었다. 대안 학교 1학년, 정말 최선을 다해 놀았다. 그토록 기르고 싶던 머리도 길러 보고, 다양한 동아리에 가입하고 탈퇴하고를 반복했다. 지식 전달식 공부보다 활동 중심의 수업을 통해 다양한 경험을 하며 몸과 감각 속에 배움을 담았다. 선생님들은 진로에 대한 고민도 권유하였으나, 절실함도 없고 감도 잡히지 않아 학교 안에서 할 수 있는 다양한 활동들에 집중했다. 산속의 작은 학교였지만 할 수 있는 것이 참 많았다. 인문계에 진학한 친구들은 나의 방탕(?)한 학교생활을 부러워했고, 나는 이 삶을 매우 만족스러워했고, 자랑스러워했다.

어느덧 1년이 흘러 1학년 기숙사에서 마지막으로 잠을 자던 날, 익숙했던 기숙사 천장이 갑자기 낯설게 느껴졌다. 이렇게 즐거운 시간의 3분의 1이 지났다니. 2학년, 3학년은 더 빨리 지나가겠지? 아쉬움과 함께 2학년이 되었다.
2학년이 되자 1학년 때 만족할 만큼 놀아서인지 무언가에 집중하고 싶어졌다. 학교 운동장 옆에는 몇 년 동안 사용되지 않은 케케묵은 도예실이 있었는데, 이곳은 나에게 꽤 매력적인 공간이었다. 그래서 만들기를 좋아하기도 하고 학교 속에 나의 공간을 만들고 싶어 도예실에 생기를 불어넣기로 했다. 두껍게 쌓인 먼지와 벌레를 치우고, 오래된 점토를 반죽하며 머릿속 형상들을 구체적인 작품들로 만들어 보았다. 내가 이 분야에 관심을 보이자 선생님은 도예 선생님을 모셔 와 특별 수업을 열어 주었고, 덕분에 나는 도예에 몰입할 수 있었다. 도예 동아리를 만들고, 친구와 후배들에게 도자기를 알려주며 나의 경험을 공유하기도 했다. 하고 싶은 것을 즐기며 하니 감도 안 잡히던 진로 고민이 자연스럽게 시작되었다. 조각가, 도예가, 사회 복지사, 상담가 등 관심 있는 분야의 직업들을 나열하고 틈틈이 고민하다 보니, 2학년이 끝날 무렵 미술 교사란 직업이 머릿속을 스치며 쾅! 하는 느낌과 함께 목표로 자리 잡았다.

2년의 소중한 시간이 쏜살같이 지났고, 3학년이 되었다. 진로가 확실하게 정해지니 나에게 집중하는 시간이 더 많아졌고, 활동의 목표와 범위도 구체적으로 변했다. 미술 교육과에 가기 위해 학교에서 그림을 열심히 그렸고, 미술 선생님께도 많은 도움을 받았다. 시간은 더 빠르게 흘렀고, 과거에 이런 조언을 들었다면 얼마나 좋았을까 하는 아쉬움이 매 순간 찾아왔다. 과거의 나에게 해 주고 싶은 말들을 공책에 한 줄 한 줄 적어 보았다. '이것이 내가 나중에 만날 아이들에게 해 줄 말이 되지 않을까? 대안 학교 미술 교사가 되어 나와 비슷한 고민을 하는 친구를 만나면 그 친구의 고민을 조금이라도 덜어 줄 수 있는 교사가 되자.'

그러나 이 와중에도 공부는 여전히 싫었고, 역시나 하는 수능 성적과 함께 대학 입시의 문턱에서 덜컥 겁이 났다. '내가 최선을 다할 수 있는 건 실기뿐이다!'는 각오와 함께 지푸라기라도 잡는 심정으로 입시를 준비했고, 또 다시 '끄트머리 한 칸 앞' 성적으로 간신히 사범대에 진학했다.

대안 학교를 다니며 삶을 즐기는 방법을 충분히 체험했기에 대학 생활도 즐겁게 할 수 있었다. 특히 실기가 주를 이루는 전공 수업이 너무 재미있었다. 중간에 작가로 전환할까 고민도 했지만, 일단 교사가 되고 마음이 동할 때 언제든지 작가를 할 수 있다고 생각하며 온전히 교사가 되기 위한 준비를 했다. 원하는 것에 도전하니 교사가 되기 위한 공부도 즐기면서 할 수 있었다. 내가 공부를 즐기다니, 참 별일이다.

2018년 3월 드디어 나는 강원도의 미술 교사가 되었고, 2019년 3월 대안 학교 교사가 되었다. 마음속에 대안 학교 미술 교사가 되고 싶다는 다짐을 하고 딱 10년이 지난 해였다.
대안 학교 교사는 나의 목표였고 지금 우리 학교에서 아이들이 품길 바라는 진로이자 꿈이다. 공부를 피하고 싶던 내가 학교에서 마음 편히 즐길 수 있는 과목은 예체능이었다. 그리고 미술은 아이들의 요구를 수업에 충분히 반영하여 만들어 갈 수 있는 과목이라고 생각한다. 아이들의 모습 속에서 대안을 스스로 발견하도록 도와주고 싶다. 내가 도예실에 들어가지 않았더라면 지금의 나는 미술 교사가 될 수 있었을까?
이곳에서 아이들과 밤낮으로 지내다 보면 숨어 있던 길을 많이 발견할 수 있을 것 같다. 선생님들의 도움으로 나를 위한 수업이 만들어지고 학교가 나를 도와줬듯이, 나도 아이들을 위한 수업을 만들고 그 과정에서 다양한 잠재력을 밝혀 주고 싶다. 아직 아이들에게 해 주고 싶은 말을 온전히 전달하고 알려주기엔 부족함이 많은 교사다. 그러나 대안 학교를 다녔던 3년의 시간이 정말 소중한 경험이라고 자신 있게 이야기하고 싶다. 무엇과도 비교할 수 없는, 행복하고 소중했던 학교생활을 추억하며 내가 아쉬워했던 순간들을 지금 이 학교에 있는 학생들은 놓치지 않게 해 주고 싶다.

흔적 남기기
– 벽화 캠프

어떤 장소에 흔적을 남기고, 시간이 지나 그곳을 지나며 자신이 남긴 흔적을 볼 때 어떤 기분인가?

고등학교 시절, 주변 산책로를 조금만 벗어나면 승용차가 간신히 지나갈 수 있는 굴다리가 있었다. 종종 바람을 쐬고 싶을 때는 친구들과 버려진 농로의 굴다리에 앉아 으슥하게 내려온 넝쿨을 보며 무서운 이야기를 했다. 그곳은 꽤나 낭만적인 공간이었지만 햇빛이 잘 들지 않는 탓에 특유의 음침함과 어둑함이 가득했다. 그러던 어느 날 무슨 결심인지 모르겠지만 나와 친구들은 시내 철물점에 가서 페인트과 래커 스프레이를 사들고 굴다리에 갔다. 얼룩진 벽면에 페인트를 바르고, 다음날 스프레이 통을 들고 다시 찾아 'FREEDOM'을 그리며 이미 자유로웠던 나와 친구들은 더 큰 자유를 외쳤다.

학교를 졸업하고 몇 년이 흐른 뒤 모교로 교생 실습을 가게 되었다. 학교에 남은 추억과 나의 작은 흔적들은 앞의 기억을 떠올리게 했고 나는 몇몇 학생들과 굴다리를 다시 찾아갔다. 굴다리는 예전과 다르게 아무도 찾지 않는 공간이 되었고 더 으슥해졌지만 더러워진 벽면에서 나의 'FREEDOM'은 여전히 자유를 외치고 있었다.

이것이 내 첫 번째 벽화였고, 대학 생활을 하면서는 학교와 마을에 벽화를 그려 주는 봉사 활동을 종종 했다. 벽화는 나에게 친근하면서도 한편으로는 꽤 번거로운 작업이기에 마음은 있지만 쉽게 시작하지 못하는 영역의 예술이었다.

현천은 학교 입구부터 구석까지 다양한 볼거리의 그림과 벽화가 있고, 그 속엔 이야기가 가득하다. 각 층의 홈베이스 주변에는 학생들이 활동한 사진과 작품들이 다양하게 전시되어 있다. 손님들은 학교의 다양한 활동을 짐작할 수 있고 학생들은 그 안에서 추억을 떠올리기도 한다. 현천의 모든 벽은 멋진 그림판, 게시판이자 전시 공간이다.
학교에서 매년 1,2회 진행되는 벽화 캠프는 학생들과 선생님들에게 꽤나 인기 있는 행사다. 내가 이 학교에 왔을 때에는 이미 적지 않은 학생들이 능숙하게 벽화를 진행할 수 있었고, 원하는 벽에 재료를 가져가 스스로 벽화를 그리기도 했다. 주말을 이용해 진행되는 벽화 캠프는 모든 선생님이 함께할 수 없어 참여 가능한 학생 수가 정해져 있다. 이로 인해 벽화 캠프는 참가 신청부터가 치열하다. 우리 학교는 특정 영역의 선도위를 거친 학생은 일정 기간 교육 과정 외 특별 행사 참여를 제한한다. 각자의 사정으로 인해 참여하지 못하는 학생, 신청을 깜빡해서 참여하지 못한 학생들은 눈물을 보이기도 한다. 벽화 캠프가 진행되는 현장에 머물며 하루 종일 애원하다 돌아가는 가슴 아픈 해프닝도 기억난다.

벽화 캠프의 그림은 구상부터 제작까지 모두 학생들의 몫이다. 그릴 장소가 정해지면 미술 동아리가 주축이 되어 여러 번의 회의를 거쳐 주제를 정하고 도안을 제작한다. 평상시 쉽게 볼 수 없는 아이들의 자신감과 능동적인 태도들은 나를 자극시킨다. 그러나 나의 역할은 필요한 재료를 제공하고 효율적인 제작을 위해 약간의 도움을 주는 것뿐이다.

2019년 1학기 벽화 캠프에서는 평면 벽뿐만 아니라 공간을 활용한 '아나모픽 아트(착시 미술)'에 도전해 그 영역을 확장해 보았다. 2학기에 횡성 덕고마을의 벽화를 그릴 때에는 유교 덕목을 중시하고 더덕과 목화가 유명한 마을 특징을 살리기 위해 민화의 '문자도'와 '일월오봉도', 다양한 설화 속 인물들을 응용해 벽화를 그려 보았다. 2020년에는 코로나로 방역 수칙 제한으로 벽화 캠프를 진행할 수 없었다. 그러나 5기 학생회 중 몇몇이 나를 붙잡고 모두가 떠난 금요일 오후부터 늦은 밤까지 학교를 위한 마음으로 그림을 그렸다. 나들회의 내용이 오래 기억되지 못하는 것에 대한 아쉬움을 바탕으로 나들회의가 진행되는 나들터 앞 한쪽 벽면에 멋진 게시판이자 벽화를 만들었다. 자석 페인트를 바르고 그 위에 다양한 디자인의 액자를 드로잉하여 시각적으로 공간을 꾸밀 뿐만 아니라, 그림에 자석을 붙여 게시판으로 사용할 수 있는 소통의 장을 만들어 냈다.

벽화를 통해 현천의 학생들은 다양한 방식으로 학교를 그려 나간다. 벽화를 끝내고 주변에서 들려오는 칭찬, 공간을 아름답게 꾸며 냈다는 자신감, 이렇게 큰 그림을 그려 봤다는 경험 등을 통해 함께한 모두가 성취감을 얻고 이를 통해 성장한다. 단순한 그림을 넘어 미술에 관해 많은 정보를 알고 이것들을 적용하고 함께하며, 우리는 그 안에 '앎과 삶이 하나 되는 행복 공동체'라는 학교 철학을 녹여 냈다.

처음, 현천

권영선 초보 현천러

처음,
현천

현천고등학교. 어디에선가 어렴풋이 들은 적 있었고 막연한 호기심 정도였다. 동기 선생님이 지원해서 갔다는 말씀에 여럿이서 걱정스러운 말들을 잔뜩 쏟아낸 기억, 그것이 처음이자 마지막일 줄 알았지. 그런데 특별히 지원하지 않아도 현천고등학교에 갈 수 있다는 사실을 알게 됨과 동시에 현천고등학교의 일원이 되었다.

주변에서 건네는 넘치는 걱정의 말들을 짊어지고 처음 현천고등학교에 왔던 날. 전교생이 130명 남짓인 데 비해 거대하고 예쁜 학교. 그것이 현천의 첫인상이었다. 현천 가족이 되고, 좋은 날도 힘든 날도 있었다. 그간 내가 느꼈던 감정들을 가감 없이 이야기해 보고자 한다.

민주적 현천 생활
– 발언하는 교사

처음으로 현천고등학교 선생님들과 대면하는 자리는 '교육 과정 함께 만들기' 회의였는데, 이 현천의 회의라는 것이 전에 경험한 교직원 회의와는 많이 달랐다. 여태 짧은 교직 기간 동안 겪은 '교직원 회의'라는 일련의 행사는 관리자 선생님과 몇몇 부장님들께서 협의

하여 결정된 사안을 나머지 교사들에게 잘 풀어서 설명하고 이해시키는 자리였는데, 그간의 경험들은 나로 하여금 현천의 방식에 불편함을 느끼게 했다. 현천의 교직원 협의회는 달랐으니까.

현천은 그야말로 학교의 모든 일들을 교직원 전체가 모여서 협의로 결정했다. 협의 안건과 관련해 모든 교사가 의견을 낼 수 있고 치열하게 토론하며 교장, 교감 선생님들께서는 그것을 들어 주시고 정리하며 사회자 역할을 맡았다. 학교 구성원 모두가 학교 운영의 커다란 줄기를 직접 손보고 가꾸는 모습이 내게는 신선하면서도 익숙지 않은 불편함으로 다가왔다. 먹기 좋게 가공된 음식을 받아먹던 사람에게 날것의 재료를 가져다주고 요리를 해 먹으라니 당연히 불편하겠지.

현천에서 처음 회의를 마쳤던 날 알 수 없는 불편함에 오래 끊었던 담배가 생각났다. 현천의 방식은 지극히 비효율적이었기 때문이었고, 또한 많은 시간과 많은 감정이 소모되기 때문이었다. 그 시간을 나는 참 견디기 힘들었던 것 같다. 그러나 현천의 비효율적인 회의는 학교 구성원 각자에게 주인의식을 갖게 하고, 학교의 크고 작은 업무와 교육적 방향성에 관해 깊이 생각하게 한다. 본래 대안 교육에 관심이 없던 나에게 '대안 교육이 무엇인가'를 생각하게 하고 '이렇게 저렇게 현천을 만들고 싶다'는 생각을 하게 했다. 현천의 회의는 잠들어 있던 '학교 구성원'으로서의 교사를 흔들어 깨운다.

현천의 업무 분장
- 교사로서의 마음가짐

새로웠던 것은 현천의 회의뿐만이 아닌데, 교육 과정 함께 만들기에서 실시되는 업무 분장 역시 그랬다. 일반적으로 일선 학교에서 업무 분장과 관련된 명언이 하나 있다. '업무 분장 날만 눈 꼭 감고 철판 깔면 일 년이 편하다.' 그 말처럼 업무 분장은 앞으로 일 년 동안의 업무를 두고 치열하게 다투는 '장'이라고 생각했다.

현천에서의 업무 분장 역시 한 가지 업무를 놓고 여러 선생님들께서 지원하셨고 당연하게도 그 업무가 현천에서 가장 선호하는 업무겠거니 했다. 하지만 학기가 시작되니 의문이 들었다. 왜 저렇게 힘든 아이들을 맡아서 데려가려고 하셨을까? 다듬어지지 않고 상처받은 아이들을 더 이해해 주고 받아 준다고 해서 누구 하나 알아주는 것도 아닐 텐데, 그 많은 선생님들이 경쟁하듯 저 힘든 자리를 찾아가려 하셨을까? 처음 이런 의문이 들었을 때는 선생님들이 전혀 이해가 되지 않았다. 점차 시간이 지나면서 문득 어떤 생각이 들었을 때, 나는 현천을 깊이 애증하게 됐다.

'내가 임용 시험을 준비할 때 이런 아이들에겐 이렇게 해 줘야지, 저런 아이들에겐 저렇게 해 줘야겠다'라고 끝없이 되뇌던 생각들, 현천에서는 내가 머릿속에서 그리던 교사로서의 이상향을 이룰 수 있을 것만 같았다. 그런데 지금은 어떤가. 교사로서 이루고 싶던 이상향이란 것은 깊이 처박아 놓은 채 편하고 쉬운 것만 찾는 현재의 나에 대한 자책, 증오. 이것이 내가 현천을 '애증'하게 된 까닭이다.

현천의 시스템
– 심리적 완충 지대 '동료'

글을 쓰다 보니 정말 하고 싶은 이야기를 아직 못 했는데, 지금부터 짧게 쓰려 한다.

코로나 때문에 현천에 와서 두 달 동안 온라인으로 아이들을 만나고 겪으며 '현천도 소문처럼 다사다난하지는 않구나'라는 안일한 생각을 갖게 되었을 즈음이었나. 격주 등교를 시작하고 2주 만에 우리 반 학생이 기숙사에서 자해를 했다. 연락을 받고 얼마나 정신없이 학교로 뛰어왔는지 모르겠다. 처음 학교에 도착했을 때 정말 앞이 깜깜했다. '병원에 보내야 하나, 상담 선생님에게 연락을 해야 하나, 부모님께는 언제 연락을 드리지? 뭐라고 말씀을 드려야 하나' 등등 내 표정은 공허하고 머릿속은 복잡했다. 그런데 학교로 들어가니 우리 반 학생은 상담 선생님과 상담을 마쳤고, 보건 선생님이 응급 처치를 해 주셨으며, 학생의 심리 상태와 건강 상태 등을 정리해 담임이 부모님과 상담할 수 있도록 준비해 놓으신 상황이었다. 나는 무리 없이 학생과 상담을 하고 학부모님께 인계한 뒤 비로소 한숨을 내쉬었다. 그리고 학년부에서 야근하던 선생님들께 위로를 받고 놀란 가슴을 진정시켰다.

현천은 학년과 학급 구분이 없다고 생각될 만큼 모든 선생님들께서 학생들을 지켜봐 주신다. 나 혼자 겪었다면 참으로 힘들고 견디기 어려웠을 일이지만 현천의 선생님들 덕에 갑작스러운 상황에 내던져진 나 자신을 걱정하기보다 우리 반 학생을 먼저 생각할 수 있었던 것 같다. 이 또한 내가 전에 근무했던 학교에서는 경험하지 못한 일이라 매우 신선하기도 했다. 일반적으로 각 반에서 일이 생기면 아무도 신경을 쓰지 않는다. 내 일이 아니니까. 그런 분위기에 익숙해져 있었고 나 또한 그렇게 살고 있었기에 현천에서의 경험은 감사하고 감동적이었다.

그리 오래 경험하지 못한 현천에 관해 느낀 바를 써 내려가다 보니 어색한 부분도 있고 너무 자랑만 늘어놓았나 싶을 만큼 애정을 담아 쓴 곳도 보인다. 처음 발령받았을 때의 당황스러움이 오히려 더 당황스러울 만큼 이제는 현천에 애정을 갖게 되었다. 현천을 더 알아 가고 싶어졌고 존경하는 교사도 생겼다. 교사로서 닮고 싶은 '모습'을 찾은 것이다. 물론 현천이 교사가 근무하기에 편한 학교는 전혀 아닐 것이다. 하지만 나에게 현천은 '선생님'이라는 꿈을 갖고 있던 과거의 나를 생각나게 하는 학교다.

그래 봤자 현천? 그러니까 현천!

임창숙

누군가에게 현천을 이야기할 때 가슴이 뛰고 콧등이 시큰해지는 증상이 있음. 현천에 늦게 온 걸 후회한다면서 또 떠날 준비는 하고 있다.

너희를 만나는 더딘 길

2020년 2월 셋째 주.

행복지원부장(교무부장)으로 확정된 후 내가 제일 먼저 한 일은 너희들과 만나는 준비였어. 바로 입학식. 이런저런 일을 준비하느라 모든 일이 세세히 기억나지 않지만 너희들 목에 걸어 줄 이름표를 만드는 일과 너희들을 환영하는 문구를 무엇으로 하나, 어떤 재치 있는 문구로 해야 플래카드를 쳐다보면서 너희를 환영하는 마음에 공감할 수 있을까 고민했어. 너희 눈높이에 맞는 요즘의 신박한 말들과 노랫말, 시구절 등을 찾아보며 아주 흡족하진 않지만 그만그만한 환영 문구가 마련됐지.

얘들아 너흰 계획이 다 있구나~ 현천에 온 걸 보니!
"아무 고민, 아무 노래, 아무 꿈, 현천에서 신나게 펼쳐 봐!"

플래카드가 도착해서 교문 앞에 쭈~욱 걸어 두었어. 내딛는 걸음걸음 환영하는 마음을 느끼게 해 주고 싶었지. 그런데 그날, 예상치 못한 코로나 바이러스의 확산으로 개학이 2주나 연기되었다는 뉴스 속보를 접했고, 학교에서도 비상 회의를 열어 학생들과 학부모님께 등교 연기라는 사상 초유의 사실을 알려야 했지. 학교도 처음 겪는 일이라 어떻게 해야 할지 당황스럽고 혼란스럽기도 했어.
무엇보다 걱정되는 건 너희들이었지. 모두가 그런 건 아니겠지만 현천에 와서 이러고 싶고 저러고 싶고 그런 건 그만할 거고……. 너희들이 마음속으로 몇 번을 쓰고 지우며 그렸을 현천살이. 어쩌면 참 맥 빠지겠구나 싶었어. 힘들어서, 힘든 상황에서 벗어나고 싶어서 현천에 오고 싶다는 아이들이 많았는데, 혹 등교가 늦어져 힘겹게 부여잡고 있던 마음의 끈이 느슨해지다 결국엔 놓아 버리는 아이들이 있으면 어떡하나 걱정도 됐고. 등교가 2차 3차 반복해서 연기되면서 너희들이 더욱 맘에 걸렸어. 선배들은 이제 자기 자리를 알아서 잘 찾아가고 있으니 걱정이 덜 되었던 게 사실이야. 하지만 아직 학교에 한 번 와 보지도 못한 너희들이 현천에서 뒤늦게 자리 잡으려면 얼마나 더 힘들까.
큼직한 이름이 인쇄되어 있는 이름표를 만들어 놓고 이리 보고 저리 보고 하다 보니 너희들의 이름 하나하나가 낯설지가 않더라.

4월 16일 온라인 입학식을 시작으로 온라인으로나마 너희들과 만날 수 있었어. 어떤 수업을 해야 너희들과 빨리 친해지고 열린 마음으로 소통할 수 있을까 고민하다 시 수업을 시작했어. 문자 메시지를 통해 너희들의 경험과 생각을 주저리주저리 듣고 소통하고 통화하다 보니 어느새 한 번도 본 적 없는 너희들이 성큼 마음에 들어와 버렸더구나. 너희를 만나는 길이 더디고 멀었지만 이렇게도 만나는구나. 반가웠어.
3학년, 2학년, 1학년순으로 너희들의 첫 등교가 시작되었지. 하루가 멀다 하고 펑펑 사고를 치는 너희들을 보며 올 것이 왔구나 하며, 한편으론 담담하면서도 마음 한구석엔 이 고비를 못 넘기고 학교를 쉬이 떠나면 어떡하나 하는 걱정도 깃들었어. 결국 우려한 것처럼 학교에 마음을 붙이지 못한 몇몇 친구들이 살길을 찾아 학교를 떠났고 남은 너희들은 에너지를 뿜뿜 뿜으며 또 누군가는 의기소침해져서 자기들의 살 자리를 찾아 각자의 성향에 맞게 자리를 잡아 가더구나. 마냥 쉽지만은 않게. 서로 다른 이들이 만나 좌충우돌 전전긍긍 결국은 서로를 인정하면서 울퉁불퉁 자리 잡느라 너희들의 마음은 얼마나 많은 굴곡의 시소를 탔을까.
학년이 마무리되고 있는 요즘, 전학과 자퇴로 듬성듬성 이름이 빠져 있는 명렬표를 보며 안타까움과 미안함을 느낀다. 부푼 마음으로 쉽지 않게 찾아온 현천을 어떤 마음으로 떠났을까. 떠나기까지 얼마나 힘들었을까. 왜 조금 더 일찍 손 내밀지 못했을까. 그래도 더 잘 살고 싶어 떠난 길이니 응원해 주자. 우리가 품고 있는 게 최선은 아닐 테니…….

현천 6기 아이들아.
코로나로 인해 학교가 너희를 온전히 품을 시간적 여유가 없었으니 앞으로도 긴 시간 방황하겠지. 하지만 학교는 너희들이 방황할 때도 방황이 끝났을 때도 한결같이 기다려 줄 거야. 너희들의 그 헤맴을 함께하면서.
올해 우리가 만났던 더딘 길, 서로 믿고 기다린 것처럼, 그렇게 믿고 천천히 현천에 깃들렴.

손가락 소통

오늘 아침 휴대폰으로 뉴스를 검색하다가 코로나로 인해 이루어지는 원격 수업의 질이 학습지 교사보다 못하다는 가슴 뜨끔한 기사를 접했다. 원격 수업이 아이들과 얼굴을 맞대고 눈을 맞추며 아이들의 상태와 심리까지 가늠해 가며 함께하는 수업보다 좋을 수는 없다.
그럼에도 나는 원격 수업을 핑계로 아이들과 소통하는 소소한 즐거움을 누리고 있다. 수업 과제를 제출하면 그 내용을 가지고 이러쿵저러쿵 상담도 하고 우스갯소리도 하면서 뭔가 아이들과 가까이서 수다 떠는 느낌으로 휴대폰 속 온라인에서 아이들과 만나고 있다.
나는 한 손가락으로 휴대폰 자판을 콕콕 찍어 글자를 치기에 속도가 많이 느리다(한 손가락으로 글자를 찍어 내는 모습을 보고 두 손가락을 기계처럼 사용하는 아이들이 많이 웃었다). 물론 그 느림이 메시지를 진중함으로 채울 수 있다는 장점도 있으니 괜찮다고 위로하긴 하지만…….

말하자면 나는 원격 수업 시간에 아이들과 손가락으로 소통을 하는 셈이다.

원격 수업에 참여하는 아이들의 일상이 걱정되고 궁금해서 '코로나 속 나의 하루'를 주제로 일기를 써 보라 했더니, 너무 솔직한 아이들의 글을 읽고 걱정이 앞선다. 점심 때쯤 일어나 비몽사몽 수업을 받고, 아침은 거르기 일쑤고, 휴대폰 게임 삼매경에 빠져 사는 아이들. 이 주된 활동 틈틈이 하는 게 수업이다. 수업 시간 틈틈이 게임을 하는 게 아니라 게임 틈틈이 수업에 들어온다는, 주객이 전도된 말씀을 하신다. 이런 아이들 틈에는 낮밤이 뒤바뀔까 봐 일상이 흐트러질까 봐 자신의 하루 일과를 점검해 가며 일상을 부여잡는 대견하고 안타까운 아이들도 있다. 일기 속에서 아이들은 끝이 안 보이는 코로나 상황을 무척 우울해하고 점차 무기력해짐을 호소하고 있다. 그래서인지 '빨리 학교 가고 싶다'는 표현이 넘쳐 난다.

집에서 나올 수 없는 상황이라면 집에서 지내는 시간에 대한 관점을 바꿔 보자는 의미에서 '집에서만 누릴 수 있는 10가지 즐거움'을 찾아보라 했다. 아이들은 자유로운 시간 관리, 먹고 싶을 때 먹을 수 있는 집밥이나 배달 음식, 누워서 수업하기, 편안한 복장, 누군가의 눈치를 보지 않아도 되는 자유로움, 화장실을 혼자 길게 쓸 수 있는 여유까지 찾아냈다. 다양한 즐거움을 찾았다. 가장 많은 대답은 진심인지 모르겠으나 '가족과 함께하는 시간이 많다', '가족과 함께 밥을 먹는다'였다. 고통스러운 이 시간에 누군가는 가족과의 끈끈함, 추억을 쌓아 가는 또 다른 길을 찾고 있구나 하는 생각에 걱정 가득하던 마음이 위로를 받는다.

다음으로 '학교에서만 누릴 수 있는 즐거움 10가지'를 찾아보자 했다. 아이들 성향에 따른 다양한 글들이 올라왔다. 활발하고 친구들과 잘 어울려 생활하는 아이들은 활동, 친구, 기숙사 생활 등을 즐거움으로 꼽았다. 간혹 관계에 어려움을 겪는 아이들은 10가지 즐거움 속에 관계를 맺으며 이루어지는 활동이나 친구를 언급하지 않아 그의 학교생활이 걱정되기도 안타깝기도 했다. 몇몇 아이들이 '교실에 앉아서 수업을 들을 수 있다(아무래도 누워서 수업을 듣는 게 지루해진 듯하다)'는 즐거움을 찾아 올려 웃음이 나기도 했다. 평소 수업 시간에는 종종 엎드려 자는 녀석들이어서이다. 이런 활동을 하니 학교에 더 가고 싶다는 아이의 하소연에 안타까움이 더한다. 그런데 아이들이 찾은 즐거움들 중에는 '샘을 만날 수 있다', '샘과 상담을 하거나 얘기할 수 있다'는 말들이 약방에 감초처럼 들어 있어 '아, 우리 아이들은 선생님을 참 많이 좋아하는구나' 하고 우쭐해짐과 더불어 또 콧등이 시큰해진다. 우리가 더 아이들을 그리워할까, 아이들이 우리를 더 그리워할까. 쓸데없는 비교를 하는 와중에

슬그머니 아이들이 사랑스러워지고 빨리 보고 싶어진다.
다음은 한 아이가 제출한 과제 글.

학교에서 누릴 수 있는 즐거움 10가지
2학년 김○○

첫 번째, 집에서 학교 갈 때 버스에서 누리는 즐거움! 집에서 학교 갈 땐 설렘과 잠, 휴대폰으로 쉴 수 있다. 이게 생각보다 재미있다. 비즈니스맨처럼 매주 버스를 타고 횡성까지 나가는 자체가 재미있다. 집에 갈 땐 아님.

두 번째, 파라솔 휴식. 학교 잔디밭에 있는 빨간 파라솔에서 형, 누나, 친구들과 수다 떨면 그게 그렇게 재미있을 수가 없다. 정말 그 시간이 행복하다.

세 번째, 수업. 수업이 재미없을 수도 있다고 느끼는데 정말 재미있는 수업이 많다. 예를 들 순 없지만 친구들과 같이 하는 수업은 재미있다.

네 번째, 쉬는 시간. 쉬는 시간에 다른 반도 가 보고 친구들끼리 같이 놀면 그것도 꿀잼.

다섯 번째, 꿈 너머 꿈. 꿈 너머 꿈 시간은 정말 나에겐 현천의 주말 같은 시간이다. 자기계발도 충분히 할 수 있고, 이때 잠깐 둔내 가면 그땐 양손 가득 과자나 음료수를 사 와야 한다.

여섯 번째, 동아리. 현천의 숨은 꽃을 찾으라고 하면 그건 동아리다. 왜냐하면 이것이 정말 공동체를 키울 수 있는 좋은 수단이기 때문이다. 정말 모든 동아리가 재미있다.

일곱 번째, 산책. 아침 아니면 밤에, 친구 아니면 형 누나와 산책하는 시간은 정말 뜻깊다. 공감 소통도 많이 하고 고민 상담도 많이 할 수 있어서다. 굿플레이스는 학교 뒤쪽 마시멜로 길 가는 쪽.

여덟 번째 기숙사. 기숙사를 집처럼 잘 치운다면 거기는 자기 방처럼 정말 편안해질 것이다. 아주 좋다. 누구든 기숙사 생활을 꼭 했으면 좋겠다. 인간관계에 도움이 될 거 같다.

아홉 번째, 이건 비밀인데 새벽에 몰래 먹는 라면. 새벽에 너무 배고플 땐 나가서 사 온 컵라면을 몰래 먹는다. 생각보다 많이 맛있다.

↳ 기숙사에서는 취식 등이 금지됩니다! 벌점 1점짜리입니다!
_기숙사 부장님

열 번째, 솔직히 학교에 있는 자체가 다 즐거운 거 같습니다. 제가 말하고 싶은 본론은 학생 전원이 등교했으면 좋겠다는 거예요. 3학년을 못 본다는 거에 너무 한이 남을 것 같습니다!

코로나 상황이 길어지고 그에 따라 원격 수업에 대한 아이들의 반응이 점점 느슨해져서 걱정이다. 과제 제출을 늘 미뤄서 허겁지겁 성의 없게 해내는 아이, 과제만 제출하고 이후에 소통을 닫아 걱정스럽게 만드는 아이, 밤늦게 또는 새벽에 과제를 제출하는 낮밤이 뒤바뀐 아이, 아예 며칠씩 수업에 들어오지 않는 아이 등. 걱정스러운 마음에 전화를 걸면 꺼져 있거나 받질 않는다. '많은 선생님들이 전화를 하실 텐데, 이 아이는 간섭이라 느껴져서 싫거나 귀찮은 걸까?' 하는 혼자만의 생각에 서운함이 밀려오기도 한다.

돌봄과 일상이라는 안정이 필요한 우리 아이들에게 빨리 '전격 등교'라는 선물을 안겨 주고 싶다. 손가락 소통도 나쁘지 않지만 눈을 마주 보고 오물오물 중얼중얼 또박또박 아이의 입에서 나오는 목소리를 보고 들으며 '찐 소통'을 하고 싶다.

아이들도 교사들도 겪어 보지 못한 초유의 코로나 감옥에서 벗어나 하루 빨리 예전의 북적대고 시끌벅적하던 그 학교에서 우리 아이들과 만나고 싶다.

현천스럽고
현천스러운 2

코로나로 인해 현천이 현천스러움을 잃어 가고 있다는 걱정의 목소리가 교사에게서도 학생들에게서도 심심치 않게 흘러나온다. 그러고 보면 현천을 지탱하는 문화는 현천스러움일 텐데, 현천스러움이란 과연 뭘까?

1.

월요일 교사 회의에서 최근 발생한 1,3학년 간의 학교 폭력 사안을 두고 15명 남짓한 선생님들이 늦은 저녁시간 꿈터에 모였다. 아이의 잘잘못을 따지고 물리적인 절차를 밟는 것을 떠나, 서로 존중하고 이해하는 현천의 문화를 확인하고 느슨해지고 흐트러진 부분을 다잡기 위함이었다. 학교생활에 서툰 1학년들과 이런 1학년들이 마냥 이뻐 보이지 않는 3학년들의 갈등은 이런저런 이유로 점차 쌓여 왔고, 이 갈등을 풀어 줄 만한 공감 소통과 어우러짐의 활동이 감염 위험으로 배제되다 보니, 서로를 알아 가고 이해하고 오해를 풀어 갈 시간이 부족했음을 한목소리로 안타까워했다.

'이제는 현천스러운 다양한 공감 소통 활동을 해야 하지 않나'라는 이야기가 나왔다. 3학년 선생님들은 1학년 아이들의 이야기를 들어 보고 1학년 입장에서 3학년과 이야기 나누기, 반대로 1학년 선생님들은 3학년 아이들의 이야기를 들어 보고 3학년 입장에서 1학년과 이야기 나누기 활동도 시도해 보자고 했다. 그리고 학교에 아직 흡수되지 못하고 이리저리 튕겨 나가는 1학년 몇몇 녀석들의 아프고 힘든 상황을 공유하며, '이 녀석들 때문에 이런 일이 일어났어'가 아니라 '녀석들이 왜 이럴까? 무엇을 도와줘야 할까?'로 이야기의 관점을 옮기고 그들을 도울 방법을 고민했다. 전 교사가 함께 그 아이의 이야기를 들어 주는 정담회, 전문가의 도움과 치료를 받는 방안, 현천이라는 곳이 안전하고 따뜻하다고 느낄 수 있는 다양한 관심과 지원 등. 처음에는 폭력 사안으로 모인다 하니 1,3학년의 갈등이 교사 갈등으로 번지지 않을까 하는 염려로 다소 뭉쳐 있던 긴장감이 풀리고 선생님들의 오가는 대화 속에서 가슴이 말랑말랑한 눈물로 채워져 두근거렸다. '역시 현천 선생님들은 다르구나. 어쩌면 위기라 느껴지는 상황에서도 현천 선생님들은 생각도 마음도 시선도 멀리 넓게 보시는구나. 멋지다!'
내가 속으로 울고 있다는 건 아무도 몰랐을 거다.

2.

2학기가 시작되면서 잠잠해질 줄 알았던 코로나가 재확산되면서 격주 등교가 이어졌다. 새로 야심차게 꾸려진 6기 학생 자치회는 격주 등교로 제 역할을 못하게 됨을 우려하여 자신들의 요구 사항과 목소리를 들어 달라고 제안했고, 이를 받아들여 학생 자치회 임원들과 희망 학생 그리고 함께 이야기 나누고 싶은 교사 등 30여 명이 모이는 자리가 마련됐다.
우리 학교는 전체 학생의 2/3 이하로 등교를 제한해야 하는 상황에서 1학년이 상시 등교를, 2,3학년이 격주 등교하는 것으로 학생, 학부모, 교사의 의견을 수렴하여 결정했다. 그러나 상시 등교에서 배제된 2학년의 서운함이 있었고 학교의 결정을 존중하면서도 나름의 서운하고 안타까운 입장을 토로했다. 아이들은 원격 수업이나 격주 등교로 학교 적응이 더뎌지고, 이 때문에 다양한 갈등으로 흔들리는 1학년 입장을 이해하면서도 자신들도 학교에 오고 싶은데 그럴 수 없는 상황에 답답함이 크다고 했다. 아이들의 입장을 모르는 바 아니나 학교가 결정권을 갖고 상황을 바꿀 수 없는 코로나 현실이 원망스러울 뿐이다. 아이들은 원격 수업이 현천스럽지 않다는 말, 원격 수업이 좀 더 재미있었으면 좋겠다는 말, 표현하는 삶처럼 체험할 수 있는 교과는 원격 수업에서도 체험할 방법이 있으면 좋겠다는 의견, 격주 등교보다 전체 등교가 안전하다는 생각 등등을 피력했다. 선생님들 또한 원격 수업을 위해 노력하지만 현천의 활동 위주의 교육 과정이 원격 수업으로 전환되었을 때 그 의미와 가치를 담기 힘든 부분에 대해서도 안타까움을 담아 답했다.
어쨌든 오늘 만남의 목적인 '학생 자치회가 교육 활동에서 제 역할을 할 수 있는 방법'을 같이 모색하고 마무리했다. 제안한 학생은 자신의 제안에 선생님들이 화답해 주고 이렇게 만나 이야기 들어 주고 해결 방법을 함께 찾아본 것에 감사하다는 인사를 전했다. 아이가 그간 품고 있었을 마음의 응어리가 사르르 풀리는 느낌을 받았다.

3.

○○이의 정담회를 위해 10명 남짓한 선생님들이 거울방에 모였다. 1학년부 선생님뿐만 아니라 2,3학년부 선생님들도 함께 자리했다. 주인공인 ○○이가 5분이 지나도록 나타나질 않아 수소문했더니 기숙사에서 자고 있단다. ○○이가 점심 때 이 자리가 부담스

렵다고 얘기했다는데 그래서 정담회를 거부하는 몸짓인가 싶어 실망스러운 마음을 다독이며 기다렸다. 15분쯤 지나 ○○이가 등장하고, 함께 앉아 기다리던 선생님들의 표정이 환해졌다. 이런저런 가벼운 말이 오고 가며 ○○이의 긴장감이 풀어질 때쯤 정담회가 시작되었다.

우선 이 자리에 각자 어떤 마음으로 참여하게 되었는지 선생님들이 한 사람씩 돌아가며 이야기를 시작했다. ○○이의 이야기가 듣고 싶어서, ○○이와 친해지고 싶어서, 늘 잔소리만 했는데 편안하게 이야기 나누고 싶어서, 응원하고 싶어서 등등. ○○이의 첫 마디는 '그냥 불러서 온 거'였다. 입학 전 소문으로만 들었던 ○○이를 처음 만났을 때의 인상과 처음 등교할 때의 모습, 에너지가 넘쳐 눈살을 찌푸릴 정도로 나대던 모습, 마지못해 배정된 수업에서 의외로 캔버스 페인팅에 1시간 30분 넘게 집중해서 담당 선생님을 놀라게 했던 일 등 정해진 틀 없이 ○○이에 대한 많은 얘기가 오갔다. ○○이도 어릴 때부터 어른들에게 상처받았던 일, 자신도 모르게 어른들에 의해 하룻밤 사이에 거처가 옮겨진 일, 어른들로부터 들었던 차별적인 말들, 그래서 어른을 싫어하고 믿지 못했다는 말을 했다. ○○이의 어린 시절의 경험 속에는 그 또래 아이가 감당하기 힘든 상처들이 있었다. 사춘기가 되면서 무시당하지 않기 위해 소위 잘나가는 친구들과 어울리며 탈선을 했는데 그런 모습 때문인지 자신을 불편해하거나 무서워하는 후배들이 많았다고 담담하게 얘기한다. 얼마 전 폭력까지 치달았던 선배들과 화해의 자리를 갖고 나서는 그 선배를 '너무 착한 언니'라고 칭찬을 해서 선생님들이 당황하기도 했다. 요즘에는 학교가 시끄러워질까 봐 무리지어 다니지 않고 한두 명과 다닌다든가, 선생님들에게 공손하게 말하려 애쓴다든가 하는 노력을 하고 있노라 말했다. 달라지려고 노력하는 이유를 물었더니 자신의 이야기를 들어 주고 자신을 챙겨 주는 선생님들과 이 학교에서 잘 지내고 싶은 마음 때문이라고 한다. '○○이도 용기 내서 노력하고 있구나. 달라지고 싶구나. 먼발치서 볼 때는 아무 생각 없이 사는 사고뭉치라고 생각했는데…….'

"감정적으로 행동해서 샘들과 부딪칠 때 '기다려 주신다고 했잖아요!' 하고 말하면 나도 멈추고 기다려 줄게"라고 말씀하신 어떤 선생님. 아이의 감정적인 행동에 화를 내셨던 또 다른 선생님의 미안하다는 말. 아이가 아직 불편해하는 다른 선생님의 진심을 전하며 그 선생님의 손을 뿌리치지 않았으면 좋겠다고 말하는 또 한 선생님, 믿을 수 있는 어른이 있다는 믿음을 갖고 마음을 열어 달라고 부탁하신 선생님. 누군가 자신의 단편적인 모습만 보고 기다리지 못하고 화내고 단정하는 게 싫듯이 ○○이도 선생님, 친구, 선배의 말 한마디, 눈짓 한 번에 그를 판단하지 말고 그 사람의 참모습을 볼 때까지 조금 기다려 달라고 얘기하는 선생님. 선생님들의 말씀 하나하나에 아이가 고개를 끄덕인다. ○○이가 참 솔직하고 용기 있고 따뜻한 사람인 걸 알게 됐다는 한 선생님의 말이 가슴을 적셨다.

마지막으로 ○○이의 소감을 들었다.
"저도 지금 제가 믿지 못했던 어른들에게 한 발짝 다가간 거잖아요. 저도 노력하는 모습 보여드리겠습니다."

저녁 식사 시간을 잠에게 양보하고 1시간 넘게 정담회를 하느라 배고픈 ○○이에게 교장 선생님이 교장실에서 먹을 수 있게 컵라면을 준비해 주셨나 보다. 부리나케 교장실로 내려가 컵라면을 먹고 있는 ○○이 사진과 함께 이런 글이 교사 단톡방에 올라왔다.
"○○이 정담회 하시느라 애쓰셨습니다. ○○이 본인도 스스로 변하는 모습이 뿌듯하고, 쌤들한테 인정받는 것도 첨이라 좋았나 봅니다. 그렇게 거부하던 병원 치료도 심각하게 생각해 보겠다고 하네요. 언제 또 배신(?)을 때릴지 모르나 이렇게 또 손을 잡고 시작하는 거지요."
참 현천스럽고 현천스러운 장면에 오늘도 마음이 촉촉해져 잠시 머물러 본다.

두 아이 이야기

2019년, 거듭한 고민 끝에 현천고 우선 전보 요청을 하고 현천인으로 합류하게 되었다. 한 번도 겪어 보지 못한 대안 학교에 근무하게 되면서 기대와 설렘보다는 걱정과 부담으로 하루하루를 보낸 듯하다. 가장 큰 고민은 '어떤 아이들을 만나게 될까. 그 아이들이 날 밀어내진 않을까' 하는 아직 만나 보지 못한 아이들에 대한 것이었다. 강원도 각지에서 모여든 말썽꾸러기들의 집합소(현천을 잘 모르고 하는 여느 사람들의 말처럼)라 생각하니 아이들이 벌일 온갖 말썽들의 목록이 자꾸만 나열되는 것이었다.

현천의 교육과정 함께 만들기에 전입 교사로서 어리바리 참여하고, 아이들을 만날 나름의 준비를 시작했다. 반 편성이 되자마자 우리 반 아이들의 입학 원서를 복사해서 꼼꼼하게 살펴보며 이 아이들이 겪었을 어려움과 현천에서 어떤 모습으로 생활하게 될지를 가늠해 보기도 하고, 각각의 아이를 위한 1:1 대응 전략을 짜 보기도 했다. 한 명 한 명 누구 하나 만만해 보이지 않는 아이들의 이력과 자기소개서를 보며 서서히 '이 아이들이 내가 만나고 부딪치고 품어야 할 아이들이구나' 하는 마음이 들기 시작했다.

그중 유난히 눈에 띄는 아이가 있었다. 입학 원서에 달랑 붙어 있는 사진 속 그 녀석은 세상에 불만이 가득한 눈빛이었고 '건들면 가만 안 둬' 하는 경계의 표정을 짓는 것처럼 보이기도 했다. 자기소개서를 읽어 보니 표정 너머의 아프고 힘들고 만만치 않은 사연을 갖고 있는, 가정에서도 학교에서도 따뜻함을 느끼지 못하고 외톨이로 산 아이의 지난날이 아픔과 무거움으로 다가왔다. 만나 보지도 겪어 보지도 못한 아이에 대한 느낌은 안쓰러움보다는 두려움이었던 것 같다.

그럴 즈음에 교사 단톡방에 팔뚝만 한 물고기를 들고 배 위에서 환하게 웃는 한 아이의 사진이 올라왔다. 이번에 입학하게 된, 사진 찍는 것도 좋아하고 낚시도 어른 뺨치게 잘하고 수상 레저에도 능한 재주 많고 사랑스러운 아이의 사진 한 컷이었다. 샘들의 댓글이 마구 달렸다. 넘 멋지다. 기대된다. 현천의 보물이 될 것 같다. 우리 학교에서 할 수 있는 일과 기여할 수 있는 일이 무궁무진하겠다…….

나도 댓글을 달았다. '우리 반 보물입니다'라고.

입학식 날 두 아이를 만났다.

입학식장인 현천극장 앞에서 혼자 두리번거리고 있는 아이는 사진과 너무도 똑같은 모습의 ○○이었다. 조심스럽게 용기를 내어 밝고 큰 목소리로 한껏 과장해서 아는 체를 했다.

"○○아, 안녕! 너가 ○○이구나!"

○○이는 눈을 동그랗게 뜨며 물었다.

"엥? 제 이름을 어떻게 아셨어요?"

"내가 네 담임이거든."

"아, 그러세요?"

아이가 밝은 목소리로 응대한다. 입학 축하한다는 인사와 함께 현천극장으로 아이를 들여보냈다. 아이의 웃는 표정을 보며 나의 두려움과 걱정은 모두 기우이길 바랐다.

입학식 다음 날, 예측은 했지만 반갑지 않은 일들이 연속으로 터져 정신을 혼미하게 했다. ○○이 어머니께서 아이가 왕따를 당한다며 학교 폭력으로 신고하겠다고 흥분된 목소리로 전화를 하셨다. 몇몇 아이들이 ○○이를 무시하는 말을 했고 룸메이트에게도 서운한 말을 들은 듯했다. 아이는 엄마에게 전화를 걸어 데리러 오라, 이 학교 안 다니겠다며 보챘고, 힘들게 중학교 생활을 했던 아이가 현천에 오면 달라질 거라 기대했던 어머니는 하루 만에 맞닥뜨린 예전과 한 치도 변하지 않은 상황에 어쩔 줄 몰라 하셨다. 어머니가 학교에 오셔서 상황에 관해 이야기 나누고 아이를 달래, 집으로 가는 것만은 만류했다.

다음 날 아침. △△이가 교무실에 시무룩한 얼굴로 찾아왔다. 현천의 보물이라 기대했던 그 녀석이다. 갑자기 눈물을 뚝뚝 흘리며 집에 가고 싶단다. 태어나서 한 번도 집을 떠나 자 본 적이 없어 기숙사에서 생활하고 자는 게 너무 힘들단다. △△이는 하루 내내 쉬는 시간마다 교무실을 찾아와 이런저런 힘든 일을 선생님들께 하소연하고 토로했다. 처음에는 낯선 환경이라 적응기가 필요하다고 생각해 아이의 말을 들어 주고 토닥거리고 도와주고 했는데, 한 달이 지나고 한 학기가 지나도록 아이의 모습은 늘 제자리걸음인 게 답답해지기 시작했다.

어릴 적 겪은 아픔으로 방황과 무기력의 늪을 벗어나지 못하는 ○○이와, 귀하게 태어나 부모의 넘치는 사랑과 보살핌 속에 홀로 서는 것을 배우지 못한 △△. 둘 다 학교에 스며들지 못하고 서로 다른 이유로 학교 밖으로 나가고 싶어 했다. 둘은 때로는 같은 이유 때문에 때로는 간극이 큰 너무나 다른 이유 때문에 아이들 무리에 끼지 못하고 있었다. 그러다 보니 점차 두 아이는 그나마 서로를 필요한 존재로 여기게 된 듯했다. 밥도 같이 먹으러 다니고 함께 활동하는 시간엔 옆에 나란히 앉아 있기도 했다. 절대 친해 보이는 표정들은 아니었지만. 그러다 둘 사이에 소소한 다툼이 일어나고 이는 큰 학교 폭력으로 번졌다. 서로에게 얼굴 붉히는 순간이 있었고 한편에서 머리를 조아려야 하는 상황도 따라왔다. 정말 조금만 참고 조금만 기다려 주면 될 것을 그걸 못 해서 크게 번진 것 같아 두 아이 모두 딱하게 느껴졌다.

그 일이 있고 나서 둘은 또 따로따로 외톨이가 되었다. 그나마 서로가 학교생활의 작은 위안이었는데 누구와도 어울리지 못하고 풀 죽어 다니는 두 아이의 모습이 안쓰럽고 걱정스러웠다. 시간이 조금 지나 두 아이에게 서로에 대한 마음이 어떤지 각각 물어보니 누군가 중간에서 징검다리 역할을 해 준다면 예전의 관계로 돌아갈 수 있겠단 기대가 생겼다. 아이와 부모님께 동의를 구하고 두 아이와 하루 동안의 우정 여행을 다녀오기로 했다. 같이 차를 타고 가서 맛있는 점심을 먹고 강릉 바닷가 카페에서 달콤한 차도 마시고 시장에서는 둘만의 시간도 가졌다. 그날 둘 사이에 어떤 대화와 감정의 교류가 있었는지 모르지만 이후 두 아이는 조금은 편한 사이가 되었다. △△을 향한 ○○의 행동과 거친 표현도 좀 순해진 듯했다.

2학년이 되어 원격 수업으로 오랜만에 등교한 ○○이가 교무실에 찾아왔다. 몰라보게 키가 부쩍 컸고 말투나 표정도 제법 의젓해졌다. 이전에는 마주 보고 얘기했던 ○○이를 올려다보며 나누는 이야기가 즐겁고 뿌듯했다. 가끔 전화해서 다짜고짜 "쌤, 어디에요?" 하고 묻는 녀석에게 "인사부터 하자~"라고 하면 "쌤, 사랑해요! 이렇게요? ㅋㅋ" 하며 들뜬 목소리로 말을 걸어오는 ○○이가 사랑스럽다.

원격 수업이라 학교 안 와서 좋겠다며 던지는 농담 진담 섞인 말에 △△이가 이젠 학교가 편하고 좋다고 너스레를 떨며 이야기한다. 현천에서 자신이 많이 컸다며 스스로 자랑을 하는데 나는 쉽게 인정해 주지 않았다.

○○이는 상처가 많고 자신의 생각을 표현하고 감정을 드러내는 데 서툴다. 좋은 것도 싫은 것도 다소 거친 말과 행동으로 표현하는 편이다. 하지만 현천의 많은 선생님들은 그런 ○○이의 몸짓과 말들에 담긴 의미를 안다. 그래서 ○○이를 믿고 기다려주신다.

△△이는 자신의 생각과 감정을 너무 많이 드러낸다. 그래서 주변

사람들이 피곤해할 때도 있다. 스스로 감추고 삭여야 할 많은 이야기와 감정들을 여과 없이 쏟아내 때로는 누군가를 불편하게도 만든다. 그러나 여리고 순한 아이임에는 틀림없다. 현천의 많은 선생님들은 △△에게 스스로 생각하고 판단하고 결정하고 행동에 옮길 것을 주문하고 기다린다. 아직 마냥 어린아이 같은 △△이도 현천의 품에서 어른으로 커 갈 것을 안다.

○○과 △△. 살아온 환경도 살아가는 방식도, 너무나 다른 두 아이가 현천에서 어떻게 자기 색깔을 찾아갈지 믿고 기다려 볼 일이다.

아이들이 현천고를 소개하다

원격 수업을 진행하며 다양한 방식으로 아이들의 이야기를 듣고, 또 마음 깊은 곳에 두고 꺼내지 못한 얘기들도 하나둘 꺼내 보는 시간을 가졌다. 어렵고 힘들 텐데 솔직하고 담담하게 이야기해 주고, 걱정과 응원과 지지의 답글을 하는 내게 귀 기울여 반응해 주는 아이들이 참 고마웠다.

그즈음 우리 학교를 소개하는 원고를 써야 할 일이 생겼다. 아이들은 우리 학교를 어떻게 소개할까 궁금하기도 하고 아이들의 생각을 그대로 글로 옮겨 보자는 생각에 '현천을 잘 모르고 있는 학생, 학부모님, 선생님들께 우리 학교를 소개하는 글'을 써 보자고 했다. 아이들은 그 어느 과제보다도 성실히 충실히 기꺼이 넉넉하게 글을 써서 보내 주었다. 스스로 경험하고 고민하고 느낀 것들이 많아 아이들의 글이 진솔하게 느껴졌고, 어느 지점에서는 또 콧등이 시큰해졌다.

아이들의 글로 현천고를 소개해 본다.

: 현천고등학교에 가고 싶다고 부모님께 말씀드리니 처음에는 걱정을 많이 하셨습니다. 그냥 일반고에 가서 대학교를 가는 게 낫지 않겠냐고 수차례 저를 뜯어말리셨습니다. 많은 분들이 '대안학교'라는 이유로 현천고에 오는 걸 두려워하시는 거 같습니다. 저도 마찬가지였습니다. 겉모습을 보면 나쁜 아이들만 가는 것 같고, 가면 내 아이가 휩쓸릴 것 같고, 같이 어울릴 것 같고, 적응 못할 것 같고……. 이런 걱정들 때문에 꺼리실 거라 생각합니다.
저는 이 학교에 다니면서 제 꿈도 찾을 수 있었고 평생을 함께할 선생님들과 제 친구들을 얻었습니다. 이것 말고 더 특별하고 중요한 게 있을까요? 현천고는 다른 학교와 많이 다릅니다. 그에 맞춰서 선생님들도 많이 다르다 생각합니다. 현천고 선생님들은 학생들이 스스로 할 수 있게끔 계속 기다려 주십니다. 이 기다림이 학생에겐 답답하고 느리게 느껴질지 몰라도 선생님들은 믿고 계십니다. 할 수 있다는 걸. 우리 학교는 스스로 하는 활동이 많습니다. 선생님이 시키는 활동보다는 자신이 스스로 찾아보고 알아보고 선택하는 활동이 많습니다. 자신이 하고 싶은 것, 자신이 해보지 않은 것 등을 하나씩 알아 가고 체험하다 보면 자신이 어떤 사람인지 천천히 알게 됩니다.

중학교 3학년, 내가 현천고에 지원하겠다고 결정했을 때 3학년 교과 담당 선생님들에게 한 번씩은 불려 갔다. 다시 생각해 보라고, 가면 후회한다고. 현천고에 붙었을 때도 들었던 말이다. 가면 후회한다. 결론부터 말하자면 난 현천고에 온 것을 후회하지 않는다. 단 한 번도 후회한 적이 없다. 힘든 일도 많았고, 사고도 치고, 이런저런 많은 일들이 있었지만 현천고에 지원한 것을 난 단 한 번도 후회한 적이 없다.
현천고에서 만난 인연들이 너무나 소중하고, 일반고에선 배우지 못할 것들을 많이 배우는 중이라고 생각한다. 남을 존중하고, 나를 존중하는 법을 배웠다. 또 남을 존경하는 법도 배웠다. 구체적으로 '이렇게 배웠어요'라고 말은 못 하겠다. 그냥 딱 현천 와서 배우게 되는 것들인 것 같다.
나는 사실 그냥 설렁설렁 대충대충 하는 학생이었다. '이 정도만 하면 됐겠지', '어차피 다른 애가 더 열심히 할 거니까' 같은 생각을 갖고 있던 학생이었다. 그래서 항상 중간에 위치한 그런 학생이었다. 그런데 여기는 내가 무언가를 시작하지 않으면 아무것도 할 수 없었다. 그래서 조금씩 무언가를 하기 시작했다. 통합 기행 조장을 하기도 했고 학생회에 지원도 했다. 원래 같았으면 '아무나 하겠지' 하면서 넘겼을 텐데 이렇게 변한 내가 나도 참 놀랍다. 꿈 너머 꿈 때는 내가 하고 싶은 활동을 찾아보기도 하면서 늘 중간이던 내가 더 이상 중간이 아니라 스스로 하는 자발적인 내가 되어 있었다. 일반고에 갔으면 변하지 않았을 것이라고 장담할 수 있다. 현천고에 지원하길 정말 잘했고 후회하지 않는다. 내가 현천고에 지원하던 것을 걱정하고 말리셨던 모든 선생님들께 말씀드리고 싶다. 전혀 후회하지 않는다고.

: 딱히 하고 싶은 것도 없고, 사교성도 없고, 낯을 많이 가리고, 자신감이 많이 없던 나였기에, 기숙 학교고, 다 같이 생활하고, 공동체를 중심으로 하는 학교라고 해서, 이 학교에 온다면 지금보다 성장할 수 있을까, 원하는 것을 찾을 수 있을까 해서 현천에 지원하고 입학했다. 사실 중학교 때 몇몇 선생님들로부터 현천에 문제아가 많고 위험하다고 들어서 처음엔 불안하고 적응을 잘할 수 있을까 걱정이 되었다. 근데 생각보다 애들이 나쁘지 않고 선생님들도 좋아서 그렇게 힘들지는 않았다. 다만, 기숙사에서 생활하면서 공동체 생활을 하는 낯선 환경이다 보니 집에 가고 싶기는 했다. 또 여기에서는 내가 스스로 해야 하는 것이 많은 데다, 꿈 너머 꿈, 기행 등 한 번도 경험해 보지 않았던 일들로 힘들기도 했다. 그래도 선생님과 친구들이 격려해 주고 즐거운 행사도 많아서 학교가 이렇게 편안하다고 느낀 적은 처음이었다. 그러니까 이 학교는 공부를 강요하지도 않고 경쟁도 그렇게 심하지 않고 그것들 이외의 다른 것들을 알려주는 것 같다.
1년 반이라는 시간 동안의 경험으로 나는 이 학교는 다른 무언가를 찾게 해 주고 경험하게 해 주는 좋은 학교라고 생각한다. 그래서 이 학교를 선택한 것을 후회하지 않는다. 남은 시간 동안도 즐겁게 학교생활을 하고 싶다.

: 우리 학교는 정말 좋은 학교입니다. 선생님들이 학생을 생각하는 학교는 현천고 말고 없을 것 같습니다.

: 현천고는 호불호가 많이 갈린다. 여기서 정말 힘들게 생활하는 학생도 있고 즐겁게 생활하는 학생도 있다. 현천에 들어오려면 이런 문제를 감당할 각오를 해야 한다. 마음이 약하거나, 무법 지대보다 체계적인 곳이 맞다면, 현천에 오는 것을 추천하지 않는다. 그럼에도 자신을 알고 싶고 방황이 필요한 상태라면 현천에 와 보는 것도 나쁘지 않다고 생각한다. 현천이 힘들면 다른 곳으로 전학 갈 수도 있으니, 그리고 상담실에 화풀이방처럼 조용한 곳도, 동굴방처럼 포근한 방도 있으니, 선생님께 허락을 받고 휴식을 취하고 마음을 가다듬을 수도 있으니, 현천에 들어왔을 때 크게 두려워하지 않았으면 좋겠다. 이상.

: 현천에 들어오고 1학년은 말 그대로 혼란의 시기였다. 내가 알던 학교들과는 아예 다른 분위기와 수업들이 있었고, 저녁 시간을 활용하는 것은 학생들의 자유였다. 저녁 시간을 헛되이 보내지 않기 위해서 동아리부터 들어갔는데, 동아리 종류는 상관없이 일단 많은 경험을 해 보는 것이 현천에 적응하는 가장 좋은 방법이었음을 느꼈다. 꿈 너머 꿈도 나에게는 어찌 해야 할지 모르는 시간이었는데, 생애 처음으로 베이킹 활동을 할 수 있었다. 모든 것이 처음이고 서툴렀지만 나 스스로의 힘으로 무언가를 하고 있다는 느낌에 안도감도 들고, 학교와 나에 대한 기대감도 많이 생겼던 것 같다.
지금 2학년이 되어서는 작년보다 익숙하고 한층 더 편한 모습으로 현천에서의 시간을 보내고 있다. 나는 아직 꿈도 없고, 잘하는 것이 무엇인지도 모른다. 한 가지 나에게 온 변화는 내가 좋아하는 것들이 한 가지씩 보이기 시작했다는 점이다. 많은 경험을 해서 진짜 내가 좋아하는 것이 무엇인지 생각해 보고 그 안에서 적성에 맞는 일을 천천히 찾아가고 싶다.

: 안녕하세요. 2020년도 전입생 ○○○이라고 합니다. 2019년 겨울, 현천고에 편입 지원하고 합격해 이 학교에 오게 되었습니다. 제가 학교에 처음 와서 느낀 것은 학생들이 굉장히 자유로워 보인 거예요. 잔디밭에 모여서 노는데 다들 편해 보이고 집 마당에서 노는 것처럼 불편한 기색 없이 표정이 풀려 있었어요. 다들 학교를 편안한 장소로 여기고 있구나 싶었습니다.
이 학교의 가장 좋은 점은 시설이라고 생각해요. 지어진 지 얼마 되지 않아 깔끔하고 세련된 시설물은 학교의 자유로움을 더욱 높여 주는 것 같아요. 또한 복장 규율이 없어 편하게 입을 수 있는 점도 좋아요. 학교 안쪽으로는 돌아서 갈 수 있는 가림막이 2층까지 설치되어 있어 비오는 날이나 눈 오는 날에도 젖지 않고 갈 수 있다는 점이 굉장히 편합니다. 도서관은 작지만 원하는 도서나 만화책을 신청하면 가능한 것들을 입고시켜 주어서 좋은 것 같아요. 우리 학교는 전교생 기숙사제인데, 5일간 집에 갈 수 없어요. 안 좋은 점이기도 하지만 그렇기 때문에 어쩔 수 없이 붙어 있다 보니 모여서 떠들고 하며 서로 더 친해질 수 있어요. 학교의 매력이라 느끼는 부분은 사람마다 다르니 우리 학교에 와서 매력적인 부분을 찾아보면 좋겠어요!

: 나는 소심하고 친화력 없고 먼저 나서지 못하는 좀 어두컴컴한 모습이었는데, 현천고등학교에서 여러 가지 활동 동아리, 방과 후를 하면서 친구들, 선생님들과 자꾸 마주치고 부딪치니 멘탈도

강화되고 성격도 친화력 있게 조금씩 변해 가는 것 같다.
만약 전학생이나 다른 학교 선생님들이 현천고등학교에 들어오고 싶다면 여러 번 진지하게 생각하고 와 줬으면 좋겠다. 현천고등학교를 너무 얕보고 들어온다면 1년도 안 되서 나갈 거라고 생각한다. 학교는 선생님이나 학생이나 무언가를 배우러 오는 곳인데 그런 것을 목적으로 하지 않는다면 왠지 버티기 힘들 것 같다. 왜냐하면 여기는 시간이 많이 비어서 무언가를 하지 않으면 시간이 아깝고 내가 왜 대체 여길 들어왔는지 모를 수 있기 때문이다. 나 스스로는 중학교 때보다 낫다고 생각한다. 한 발자국 앞서서 계속 성장하고 아직은 미숙하지만 3학년 때는 친구들과 함께 단단한 다이아몬드 같은 것이 되면 좋겠다.

: 우선 현천고는 각자 색이 다른 친구들이 많은 학교입니다. 그렇기 때문에 처음에는 걱정이 많을 수 있는데, 학교 선생님들이 많이 도와주시고 좋은 친구들이 많아서 금방 적응할 것입니다. 학교 안에서 학생들끼리 각자의 꿈에 대해 발표하고 나누는 시간이 많아 저는 공감 능력도 올릴 수 있었고 자신감도 붙었습니다. 저의 중학교 시절에는 발표가 두려워 많이 떨고 공부에 대한 스트레스가 컸는데, 현천고에 오니까 중학교 때 받던 스트레스가 줄었습니다. 저는 현천고가 작은 사회라고 생각합니다. 어른이 되고 나중에서야 알게 될 것을 저는 현천에서 일찍 알게 되었습니다.

: 저는 2학년에 새로 들어온 전학생입니다. 제가 전학을 온 이유는 제 꿈에 관해 생각해 보고 싶었기 때문입니다. 인문계에는 저처럼 꿈이 없는 학생들도 많은데 교과목 공부에만 집중하는 교

육 방식이다 보니 자신의 꿈을 생각할 시간이 주어지지도 않고, 그럴 시간이 없습니다. 항상 성적을 챙기기에만 급급할 뿐. 그런 학교를 졸업해서 막상 사회에 던져지면 너무 막막할 것 같아 내 꿈에 관해 조금이라도 생각해 보려고 전학을 왔는데, 처음엔 이전 학교와는 너무나도 다른 방식에 좋기도 하고, 한편으론 불안하기도 했습니다.

현천고는 교과목 수업이 인문계에 비해 훨씬 적고, 자신의 흥미와 꿈에 다가갈 수 있는 수업들이 많아서 참 좋다고 생각했습니다. 그 수업들을 직접 겪어 보니 생각보다 더 유익했습니다. 저희 수업 중 '생각하는 삶, 표현하는 삶'이라고 학년과 상관없이 학생들이 섞여 듣는 수업이 있는데, 선후배 간의 어색함을 조금이나마 풀어 주고 수업 장르와 선택의 폭이 넓어서 자신이 관심 있는 것을 골라 들을 수 있어 굉장히 좋았습니다. 이외에도 의사소통, 꿈 너머 꿈, 노작과 자연, 나들회의, 통합 기행 등 학생들끼리 또 학생과 선생님들과의 사이를 더 뭉칠 수 있는 활동들이 많아 서로를 이해하고 인정하는 것이 잘 이루어지는 학교입니다. 현천고에서는 정말 다양한 활동과 수업이 있다 보니 자신이 원하지 않는 것들을 해야 할 때도 있습니다. 그렇지만 그런 것들도 하면서 항상 배우고 느끼는 것이 있기에 뭐든 많이 부딪혀 봐야 한다고 생각합니다. 그리고 정말 많이 배운다고 느끼는 게, 다른 학교와는 수업 방식이 달라 거기서 얻는 것이 정말 많습니다.

마지막으로 제가 꼭 말하고 싶은 것은 다른 곳에서는 할 수 없는 것도 우리 학교에서는 할 수 있고, 그것을 이행합니다. 그만큼 말만 하는 게 아니라 행동으로 보여 주는 학교라는 점을 알려드리고 싶습니다. 하지만 그로 인해서 생기는 문제들도 있고, 갈등들도 많습니다. 특히 현천고는 소통도 많이 하기에 여기서 오는 문제점들도 많습니다. 그래도 서로 해결해 나가려고 노력을 많이 하고, 풀어 가려 합니다. 아직 학교를 많이 다니지 않아서 잘 모르는 부분도 있지만 제가 알고 있는 선에선 잘 알려드린 것 같습니다.

인문계와 현천 사이에서 고민하다 서류 마감 이틀 전에 자소서를 냈다. 현천은 보통 학교와 너무나도 다르고 대안 학교를 졸업하고 난 뒤의 진로를 걱정하고 불안해 하는 부모님과 중학교 담임 선생님을 설득하는 것도 굉장히 어려웠다. 원래 부모님이랑 깊은 대화를 안 하는 편인데 그때 처음으로 부모님 앞에서 내가 현천에 가고 싶은 이유, 가서 어떻게 지낼 것인지를 진지하게 얘기했고, 거의 한 달 만에 부모님을 설득시키는 데 성공했다. 그래도 부모님은 내가 이 학교를 다니는 것이 마음에 들지 않으셨는지 자소서 합격 후 부모님 면접 시간에 어머니가 선생님께 "저희 딸 불합격시켜 주세요"라고 부탁했다고 한다. 어떻게 된 일인지는 모르지만 결국은 최종 면접까지 합격하고 별 탈 없이 학교생활을 잘하고 있다.
처음 교실에 들어섰을 땐 다들 친하게 얘기하고 있길래 나만 동떨어진 기분이었는데 그때 한 친구가 먼저 말을 걸어 줘서 지금까지도 같이 다니고 있다. 1학년의 대부분을 그 친구와 보내면서 사건사고도 많았지만 그래도 현천이 아니었다면 할 수 없는 경험이기에 크게 후회하진 않는다. 현천에 온 뒤 내적으로 바뀌고 성장한 부분이 많아서 현천을 떠나고 싶진 않다. 정말 소심하고 하고 싶은 말도 못 하고 겁이 많던 성격이 지금은 뭐든 해 보고 싶고 해냈을 때 성취감을 느끼고 내 의사표현을 확실히 하게 되어서 중학교 때와 비교하면 정말 많이 성장했구나 싶다. 앞으로 현천 생활이 순탄하지만은 않겠지만 그래도 나름대로 최선을 다해 현천의 구성원이 되려고 노력하고 있다. 졸업했을 땐 '5기에 이○○이라는 선배가 있었다'라고 후배들에게 기억되고 싶다.

: 중학교 3학년 9월 말에 현천고등학교를 처음 알았습니다. 사실 그림 그리는 것만 좋아했지 되고 싶은 것이나 하고 싶은 것에 대해 무언가가 뚜렷하지 않았습니다. 엄청 놀았죠. 그러다가 친구들이 현천을 소개해 줘서 알게 되었습니다. 괜찮아 보였고 페이스북에 종종 올라온 영상들을 보니 '좋은데?'라는 생각에 친구들과 함께 원서를 써서 제출했고 1차에 붙었습니다. 그리고 2차 면접을 보고 합격했죠. 이렇게 말하니까 엄청 쉬워 보이지만 진짜 엄청 노력해서 들어온 거니까요. 그냥 간단하게 줄여 봤어요. 긴 설명은 듣기 싫으니까.

아무튼 학교에 처음에 들어왔을 때는 정말로 '난장판'이라고 해도 과언이 아니었습니다. 서로 날카롭게 경계하면서도 친해지려 하니 잘 안 되는 건 당연하죠. 그래서 친해지는 애들이 있는 만큼 멀어지는 애들도 있고, 그래서 힘들었고 집에 가고 싶었죠. 하지만 으레 새 학기가 오면 그러는 것과 비슷한 이치라는 걸 조금 늦게 깨달았죠. 아마도 1학년 2학기쯤일 거예요. 어차피 지나면서 누그러지고 다들 천천히 함께해 가는 게 익숙해집니다. 그렇게 점점 마음이 편해지고 그저 일상이 되어 버립니다. '그냥 난장판이 익숙해진 게 아닌가요?'라고 물으면 물론 그것도 있지만 시간이 지나며 다들 성장해 나가는 게 눈에 보입니다.

결론적으로 그거죠. 자신을 찾고 싶다는 마음이 있다면 현천고등학교에 오시면 좋겠습니다. 저도 몰랐던 제 안쪽까지 찾아볼 수 있는 시간들이 와르르 하고 주어집니다. 그런 시간들을 지내면서 촉박하다 느껴지겠지만 그래도 내 원래 모습을 찾아갈 수 있었습니다. 내가 정말 원하는 것들도요. 그래서 소개해 드렸습니다. 나를 찾아가면서 성장할 수 있는 학교, 다함께 그렇게 찾아갈 거니까. 이상, 현천고등학교 재학생의 소개였습니다.

그저 공부, 그저 점수, 그저 경쟁만이 존재하는 공교육의 틀 안에 있는 학교에 반감을 느끼고 고등학교 3학년에 자퇴를 한 저의 눈에 들어올 정도로 현천은 특성 있는 학교였고, 자유와 개개인의 의견과 결정을 존중해 주는 학교라고 생각이 들어 지원하게 되었습니다. 이 학교에 입학하고 처음 느낀 점은, 근거 있는 자유가 허용되는 학교, 제가 하고 싶어만 한다면 뭐든 펼칠 수 있는 학교라는 생각이 들었습니다. 물론 제 기대에 못 미치는 부분들도 많았습니다. 막연한 자유와 대안을 기대하시는 부모님과 학생들이라면 정말 고민을 해 주셨으면 좋겠습니다. 현천고등학교는 어찌 되었든 공립형 학교입니다. 그래서 체계적으로 일반 학교처럼 진행되는 부분 역시 많습니다. 그 안에 자유와 개인의 중요성이 섞여 있는 곳일 뿐입니다.

1학년 학교생활을 하면서 저는 꿈을 찾았습니다. 그리고 그 꿈을 위해 노력했습니다. 학교에서도 제 꿈에 집중하고 개발할 수 있도록 많은 지원을 아끼지 않으셨습니다. 그래서 저는 이 4년의 포기를 후회하지 않았습니다. 오히려 제 자신이 자랑스러웠고, 뿌듯한 적이 많았습니다. 이 학교에 들어오기 전에는 많은 부정적인 생각들로 제 머리를 가득 채워 왔습니다. 하지만 이 학교에 들어오고 왜?라는 질문들에 대답을 찾기 시작했고, 그 결과 긍정적으로 변한 제가 지금 존재할 수 있었습니다. 단점이라고 한다면 학교가 좁아 이야기가 빨리 퍼지고, 와전되는 경우가 많습니다. 1을 잘못했는데 10으로 이야기가 퍼지고, 와전을 거쳐 저는 100을 잘못한 사람이 되어 있었습니다. 그런 부분은 참 슬프고 아쉽습니다. 공동체의 어두운 부분이라고 생각합니다. 그래서 부모님과 학생들에게 드리고 싶은 말은 간단합니다. 충분히 생각하세요. 그리고 충분히 고민하고, 아이와 부모님 간에 이야기를 많이 해 주세요. 이 학교에 그냥 자유를 위해 찾아왔다가 자퇴하는 친구, 또 자신이 생각한 유토피아가 아니라는 이유만으로 자퇴를 고민하는 친구들도 많습니다만, 저는 그건 무책임하다고 생각합니다. 시간을 소중하게 생각하고 인생을 소중하게 생각한다면 충분한 시간을 두고 고민해 주세요. 그리고 저희 학교에는 기행이라는 좋은 프로그램이 있습니다. 공동체 의식을 절실하게 느끼게 해 주는 프로그램이고 서로 부대끼고 싸우며 성장해 가는 과정을 담고 있습니다. 이 학교에 오게 된다면 기행은 무슨 일이 있어도 도전해 보세요. 앞으로의 인생에 큰 도움이 될 거라고 확신합니다.

: 현천고등학교에 입학하고 코로나로 1학기에 형들과 같이 많은 경험을 하지는 못하였지만 나에게 있어 하나하나가 새로웠고 아주 큰 경험이 되어 추억을 쌓을 수 있었다. 첫 번째 경험은 나들회의인데, 자신의 생각과 의견이 학교 규칙을 만드는 데 반영된다는 게 신기했다. 두 번째는 노작 수업인데, 노작 수업과 실습을 통해서 인내심과 무언가를 해낸 후의 뿌듯함을 알게 되었다. 처음인 것도 있지만 낯선 것들이 많지 않아 나 스스로 쉽게 다가갈 수

있었던 것 같다. 내가 현천고등학교에 온 큰 이유는 '자율적'이라는 말 때문이었지만 자유 속에서 규칙과 책임감을 알게 되었다.

나는 중학교 때 학교의 교육 방식이 싫었고 적응이 안 됐다. 엄마가 "학교를 일 년 쉬면 어떻겠냐"고 제안해 왔을 당시 우연히 현천고등학교를 알게 되었고 입학 설명회를 다녀왔다. 나는 미래에 대해 고민도 많고 어떻게 해야 할지 모르겠어서 불안해하던 학생이었다. 그런데 현천의 꿈 너머 꿈 활동을 알게 되고 내가 현천에 가면 어떻게 해야 할지 알 것 같아서 그때부턴 학교도 열심히 다니고 출결도 신경 썼다. 그리고 이 학교에 오게 되었다.

하지만 현실은 너무 달랐다. 제일 중요한 건 무언가 하고 싶은데 뭘 어떻게 해야 할지 모르겠고, 나는 꿈 너머 꿈이 싫어졌으며, 학교에 대해 중학교 때랑 같은 감정을 느꼈다. 그러다 보니 자신감 부족으로 아무것도 할 수 없다는 생각이 들었다. 사실 나는 중학교 생활이 정말 험난하고 싫어서 돌아가고 싶다는 생각을 한 번도 해 본 적이 없다. 그런데 고등학교는 졸업하면 후회되고 돌아가고 싶을까 봐 미련이라도 없으려고 더 악을 써서 열심히 다녔다. 매 순간을 후회 없이 활동을 하며 지냈다. 그러다 보니 이제 나는 나중에 어떤 일들로 인해 나락으로 떨어져도 다시 올라올 자신이 생겼다. 그만큼 나를 많이 믿을 수 있게 되었고 자신감과 더불어 자존감이 올라갔다. 그리고 '이게 내가 갈망하던 배움이구나' 하는 생각에 너무 즐겁고, 싫게만 느껴지던 공부도 재밌어지려 한다. 수업 시간에 자는 일이 없어졌다. 대박이다. 아마 내 인생에 중요한 일이 세 번 일어난다면 이미 한 번은 현천에서 썼을 거다. 나는 현천이 너무 좋다.

〈부록〉
현천고를 이해하는 데 도움이 되는 글

현천의 교육 활동을 소개합니다

2015년, 강원도에서 처음 개교한 공립 대안교육 특성화고등학교인 '현천고등학교'는 새로운 꿈과 희망으로 성장하고자 하는 아이들, 새로운 질문을 가진 아이들이 모인 학교입니다. 사회 구조적인 문제 또는 지나친 경쟁, 입시 위주의 공교육으로 인해 상처받은 학생들이 치유와 자존감을 회복하기 위하여 이곳에 지원합니다.

현천고는 한 가지 기준이 아닌 다양한 장면에서 아이들을 만나고, 아이들을 섬세하게 살피고 아이들에 대한 돌봄과 살림이 존재하는, 마음이 아픈 아이들에게는 곁에서 함께 흔들려 주는 공감의 진정한 의미를 실천하는 사람 중심의 학교를 만들어 가려고 합니다. 과거의 실수보다는 미래의 가능성에 초점을 맞추어 성장에 집중하며 현재 누구인가보다는 앞으로 어떤 삶을 살 것인지에 초점을 맞추는 학교를 만들어 가려고 합니다. 아이들이 학교의 주인으로서 행복한 학교생활을 만들 수 있으며, 이러한 경험과 노력으로 스스로의 삶에도 주인으로서 주도적으로 살아가고, 스스로 성장할 수 있는 기회를 제공하는 학교를 만들어 가려고 합니다.

기존 교육이 위기에 빠진 아이들을 기다려 주지 못하고 처벌과 징계 위주의 벌

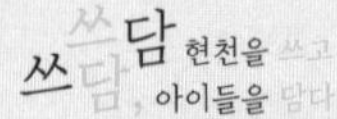

칙으로 다룬 결과 다수의 아이들이 학교에 적응하지 못하고 학교를 떠나게 되었다는 반성으로, 공교육과 가정 등에서 상처받고 소외받은 아이들을 단순히 '문제아'라고 생각하지 않고 '위기아'라는 관점에서 아이들에게 도움의 손을 놓지 않고 기다려 줌으로써 아이들 스스로 성찰하고 성장하게 하는 학교를 만들어 가려고 합니다.

이러한 학교 비전과 교육 철학 그리고 본교만의 교육 원칙을 바탕으로 구성된 일반 학교와 차별화된, 현천스러움이 잘 녹아 있는 교육 활동을 몇 가지 소개합니다.

우선 전교생과 교사가 구성원으로서 다 함께 참여하여 매주 진행하는 '나들회의'가 있습니다. 교사와 학생들은 학교생활을 하며 불편하고 부당하고 또는 필요하다고 생각하는 안건들을 올리고, 현실적인 문제를 고민하고 해결 방법을 함께 찾아갑니다. 이 과정에서 아이들은 자신의 목소리가 반영되어 학교 규칙을 바꾸고 학교 문화를 만드는 것을 확인하며 자연스럽게 민주 시민으로서 성장하고 있습니다. 지난해에는 '교권'이라는 의제를 상정하여 진지하게 토론하고 기특한 결론을 도출하였는데 이런 아이들의 모습이 자랑스럽고 감동적이었습니다.

매주 수요일엔 전일제로 '꿈 너머 꿈(진로 탐색 인턴십)' 수업을 운영합니다. 이는 자신이 찾는 진로에 도움을 줄 수 있는 직업 현장 속 '멘토'의 지도를 받으며 구체적인 경험과 실습을 통해 자신의 능력을 찾고 꿈과 진로를 탐색, 심화하는 수업입니다. 하지만 모든 학생들이 이 시간에 자신의 꿈을 탐색하고 실현하기 위해 애쓰고 있지는 못합니다. 무엇을 할까 고민만 하다 시간을 보내는 아이, 아예 아무것도 하고 싶지 않아 숨어 버리는 아이들도 더러 있습니다. 하지만 꿈 너머 꿈 활동을 정리하여 전교생과 모든 선생님들 앞에서 발표하는 '꿈날다(꿈을 발표하는 날 다함께)'에 참여하며 아이들은 부족했던 자신의 활동을 성찰하고 새로운 마음가짐으로 다음 학기 꿈 너머 꿈에 대한 각오를 다져 보기도 합니다.

생각의 힘을 기르기 위한 '생각하는 삶' 수업에는 일기 쓰기, 숲 치유, 史랑생각,

심리학 카페, 인문학, 아로마 테라피, 영상 제작, 마음 글쓰기, 요가와 명상 등이 있고, 자신의 흥미와 소질을 탐색하고 체험해 보는 '표현하는 삶' 수업에는 쿠킹, 통기타, 밴드, 목공예, 배드민턴, 플로리스트, 힙합과 랩, 금속 공예, 바리스타 등이 있습니다. 이 두 수업은 현천의 잘 갖추어진 교육 시설이 진가를 발휘하는 시간이기도 합니다.

아이들이 졸업하며 가장 기억에 남는 수업으로 꼽는 활동이 바로 '학년별 통합 기행'입니다. 1학기와 2학기에 한 번씩 실시되는데, 1학기에는 3박 4일간 자전거 기행(1학년), 도보 기행(2학년), 지역 봉사 활동(3학년)을 위해 떠납니다. 이 과정에서 아이들은 자신의 한계와 부딪히기도 극복하기도 하면서 한 뼘 성장한 자신과 만나고, 배려와 협력, 공동체의 중요성을 다시금 생각하고 또 그 가치를 마음에 담게 됩니다. 2학기에는 2박 3일간 나라 곳곳으로 배움의 터를 넓혀 3개 학년이 '학교 밖 수업 여행(진로 역사 통합 기행)'을 떠납니다. 학교를 벗어나 다양한 진로 체험을 하고 교과별 미션을 수행하기도 하고 역사 현장을 찾아 시간을 거슬러 민중의 역사와 마주하게 됩니다.

예술 체험 활동인 '예술드림학교', '벽화 캠프' 등은 지역사회에 아이들의 재능을 기부하는 활동으로 나눔의 가치를 실현하는 교육 활동입니다. 예술드림학교는 매주 화요일 저녁에 지역 주민들을 대상으로 목공예, 제과 제빵, 요리, 미술, 드럼, 색소폰 강좌 등을 개설하여 학교의 시설과 학교 구성원들의 재능을 함께 나누는 활동이며, 벽화 캠프는 인근 농촌 마을에 3박 4일 동안 머물며 그 마을의 다리, 마을 입구, 집, 창고, 담벼락 등에 벽화를 그려 주는 활동으로, 낡고 휑하던 공간들이 아이들의 손길이 닿으면 환하고 정겨운 이미지로 바뀝니다. 처음에는 아이들이 하는 활동이라 크게 기대하지 않던 주민들도 벽화로 단장한 마을을 보면서 감탄하고, 이제는 이웃 마을에서 학교에 벽화 작업을 요청할 정도로 인기가 많습니다.

우리 학교는 학생 생활 지도에 있어 관계 중심 생활 교육에 기반하여 징벌적인

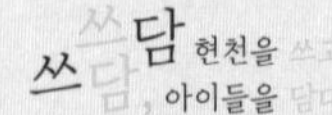

방식을 지양하고 회복적 교육 방식으로 아이들을 만나고 있습니다. 사실 교사 회의 시간에 가장 많은 시간을 할애하고 가장 많은 에너지를 쏟아 가며 아이들의 생활 교육에 관해 머리 맞대고 이야기하지만, 해도 해도 끝나지 않을 정도로 아이들은 규정 위반을 반복적으로 하고 때로는 겪어 보지 못한 새로운 고민거리를 안겨 주기도 합니다. 이 아이들이 교사와 함께 책임을 수행하는 과정에서 다른 사람에 대한 배려와 존중 그리고 자신의 잘못에 관해 자발적으로 성찰해 주길 바라는 마음으로 '사제 동행의 길'을 나선 선생님들은 아이들을 다독이며 공감 소통을 합니다.
처음 현천에 와서 겪은 교육 활동 중에 진하게 감동을 느낀 것이 있습니다. 학교에 입학해 잘 적응하지 못하고 힘들어하는 모습이 눈에 띄던 1학년 한 아이의 학교생활을 지지하고 도와주기 위해 학년부 선생님과 상담 선생님 등 여러 선생님들이 함께 자리를 만들었습니다. 오로지 그 아이의 얘기를 들어 주고 선생님들과 소통하는 '정담회' 시간이었습니다. 이 시간을 보낸 대부분의 아이들은 많은 선생님이 자기 한 사람을 위해서 시간과 마음을 기꺼이 내주었다는 데 감동하고, 소통 속에서 자신을 지지하고 도와주려는 존재가 있음에 든든함과 용기를 얻는다고 했습니다. 각 학년부에서는 각기 다른 사연으로 도움이 필요한 학생을 위해 아이와 둘러앉아 아이를 위한 시간을 갖습니다. 정담회야말로 현천스러움을 고스란히 품고 있는 현천의 모습이며, 선생님들이 아이들을 만나고 바라보는 관점이 잘 담겨 있는 존중의 활동입니다.

이 다양하고 많은 현천의 교육 활동 속에서 아이들은 부딪히고 고민하며 깨닫고 성장합니다.

추천사

『쓰담쓰담, 현천을 쓰고 아이들을 담다』를 먼저 읽으면서 왜 교사가 글을 써야 하는지 생각해 보았습니다. 말이고 글이고 삶과 동떨어져 있을 수 없습니다. 더욱이 교사가 글을 쓴다는 건 단순한 삶의 기록을 넘어 아이에 대한 관심이고 사랑이고 교육 철학의 실천입니다. 이 책에 실린 글을 읽어 보면 몸짓 하나하나 생각 하나하나가 다 아이들에게로 향합니다. 언제라도 아이들 곁에 쪼그려 앉아 들어줄 마음이 있습니다. 아이에 대한 사랑 없이 한 목숨을 온전히 키워 낼 수 없다는 것을 세상 누구보다도 잘 알기 때문입니다.
코로나 원년을 보내면서 현천고 선생님들도 여러모로 어려움을 겪습니다. 글로 드러난 일상들에 머물지 않고 그 너머에 있는 교육에 대한 고민과 소통, 변화와 희망을 만들어 가는 열정을 읽어 낼 수 있기를 기대합니다. 동시에 현천고 선생님들처럼 써 보기를 권합니다. 어떤 글이든 바로 오늘부터 말입니다.
_민병희 강원도교육감

프레네 교육, 발도르프 교육 같은 외국 교육을 접하며 타자들의 고유 명사가 부럽게 느껴질 때가 있다. 그러면서 한국적 토양에서 우리 냄새를 물씬 풍기는 고유어들이 많이 생겨나길 꿈꾼다. 그런데 이 책에서 그런 아름다운 품사들의 맹아를 발견한다. '현천스럽다', '나들회의', '꿈 너머 꿈', '꿈날다', '정담회' 등… 이런 말

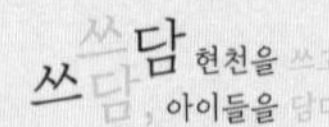

이 담겨 있는 서사와 풍경을 읽으면서 책의 저자들처럼 나도 콧등이 찡해졌다. 교육은 끝끝내 포기하지 않는 영겁의 기다림일까?! 그 기다림의 터널을 지나면서 아이도 교사도 푸르게, 붉게 영글어 간다. 막 영글기 시작한 현천의 실험이 우리 교육 전체를 온통 붉게 물들일 날을 나 또한 기다리련다.
_이혁규 청주교육대학교 총장(『수업 비평가의 시선』 저자)

현천러가 대안이다!
현천러, 현천스러움, 현천다움. 한 모임이 진정한 공동체로 물들어 갈 때 나타나는 현상 중 하나를 '부족화' 혹은 '부족 공동체'라고 했다. 현천은 부족 공동체가 되어 가는 것 같다. 그리고 학생뿐 아니라 교사들도 학교를 사랑해서 자신도 그 학교의 공동체 구성원임을 함께 고백하는 일은 흔치 않다. 오직 현천고이기 때문에 가능하리라. 아이들을 바라보는 관점부터 다르고, 아이들과 지내는 것도 현천스러운 현천의 이야기를 통해 우리는 미래 학교의 모습을 본다. 대학이 아니라 삶을 이야기하는 현천러들의 자기 고백이 담긴 이 책이 가장 우리에게 대안이 되는 학교의 이야기로 들린다. 현천러가 되는 것이 우리 교육의 대안이다.
_김현수 성장학교 별 교장(명지병원 정신건강의학과 전문의)

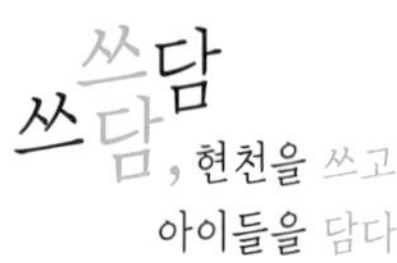

초판 1쇄 발행 2021년 3월 5일

지은이_현천고 '쓰담쓰담' 선생님들
발행인_임종훈
편집인_이경혜

디자인_화현
출력&인쇄_정우 P&P

도서출판 웰북
출판등록_2014년 11월 10일 제2018-000034호
주소_서울시 마포구 방울내로 11길 37 프리마빌딩 3층
주문&문의_전화: 02-6378-0010 팩스: 02-6378-0011
홈페이지_www.wellbook.net

ISBN 979-11-86296-65-3